L'INSURRECTION EN CHINE

DEPUIS SON ORIGINE

JUSQU'A LA PRISE DE NANKIN

Par MM. CALLERY et YVAN

Avec une Carte topographique et le portrait du Prétendant

PARIS

LIBRAIRIE NOUVELLE

BOULEVARD DES ITALIENS, 15, EN FACE DE LA MAISON DORÉE

1853

L'INSURRECTION

EN CHINE

Les points coloriés sur la carte indiquent les localités occupées par l'insurrection.

PARIS. — TYP. SIMON RAÇON ET Ce, RUE D'ERFURTH, 1.

TIÈN-TÈ

CHEF DE L'INSURRECTION, PRÉTENDANT A L'EMPIRE DE CHINE

L'INSURRECTION

EN CHINE

DEPUIS SON ORIGINE

JUSQU'A LA PRISE DE NANKIN

Par MM. CALLERY et YVAN

Avec une Carte topographique et le portrait du Prétendant

PARIS

LIBRAIRIE NOUVELLE

BOULEVARD DES ITALIENS, 15, EN FACE DE LA MAISON DORÉE

1853

L'INSURRECTION

EN CHINE

CHAPITRE PREMIER.

L'EMPEREUR TAO-KOUANG. — LES DERNIÈRES ANNÉES DE SON RÈGNE.

L'insurrection chinoise est un des événements les plus considérables de ce temps-ci : les hommes politiques de tous les pays observent avec curiosité la marche de cette armée envahissante qui, depuis trois ans, va droit devant elle dans le but avoué de renverser la dynastie tartare. Atteindra-t-elle ce prodigieux résultat? Nul ne saurait le prédire encore; mais les intérêts chrétiens, les intérêts commerciaux, surveillent avec inquiétude les alternatives de cette lutte, et les nations de l'Occident attendent dans l'anxiété l'issue d'une guerre qui, quoi qu'il arrive, modifiera nécessairement leurs relations avec l'empire du milieu. En l'état des choses, nous avons pensé qu'il était opportun de faire l'historique de ce soulèvement, de donner une idée de cette invasion menaçante et de la suivre dans les contrées qu'elle a déjà parcourues. Pour éclairer l'origine de ces événements, nous allons d'abord esquisser la biographie du dernier empereur et jeter un coup d'œil sur la situation de l'empire chinois au moment où finissait son règne.

Ce monarque, né en 1780, et qui avait pris en montant sur le trône le nom de Tao-kouang, *raison brillante*, était le second fils de l'empereur Kia-king. Sa jeunesse s'écoula dans une sorte d'obscurité, et il avait déjà trente-trois ans lorsqu'un événement, qui faillit éteindre sa dynastie, mit tout à coup en relief quelques-unes des qualités éminentes dont il était doué.

L'empereur Kia-king était un homme faible, incapable et dominé par son entourage. Un indigne favori régnait sous son nom. Ce personnage, appelé Lin-king, était le premier eunuque du palais. Les faits de ce genre ne sont pas rares dans les annales de la cour de Chine. Le chef des eunuques a toujours une grande influence dans les intrigues de palais, et, suivant les idées étranges de ce pays, sa ridicule personnalité n'est pas un obstacle à son ambition. L'autorité de celui-ci était sans bornes. Il disposait de tous les emplois. Les hauts fonctionnaires, les ministres et la famille impériale elle-même pliaient devant lui. Cette haute fortune ne le satisfit pas; l'exercice indirect du pouvoir l'enhardit jusqu'à vouloir pour lui-même l'autorité souveraine, et il commença à se frayer le chemin du trône en gagnant la plupart des mandarins militaires. Cette conspiration s'ourdit si secrètement, que personne, à la cour de Pékin, ne conçut le moindre soupçon.

Un jour que l'empereur était à la chasse avec ses fils, Lin-king fit entrer dans la capitale des troupes dont les chefs lui étaient entièrement dévoués, et les soldats furent disséminés aux environs du palais. Le plan du premier eunuque était de tuer l'empereur et les princes de la famille impériale, et de se faire proclamer immédiatement par l'armée, dont il avait gagné les chefs. Vers le soir, l'empereur rentra au palais sans défiance, accompagné de son fils aîné et suivi de son cortége habituel de mandarins civils et militaires. A peine le grand portail s'était-il refermé derrière lui, que Lin-king donna le signal à ses cohortes, lesquelles cernèrent aussitôt le palais et en gardèrent toutes les issues.

Dans le trouble et les précipitations d'un tel moment, le premier eunuque ne s'était pas aperçu que le second fils de Kia-king n'était pas revenu de la chasse avec son père. Tandis que la conjuration éclatait, le prince rentrait seul à Pékin; il était en habit de chasse et ne portait aucun des insignes de son rang; grâce à cette circonstance, il put traverser la ville sans être reconnu. La plus grande agitation régnait déjà dans les principaux quartiers; il ne lui fallut qu'un moment pour comprendre la cause de ce tumulte et deviner dans quel but les troupes avaient envahi les environs du palais. A la faveur de son simple costume, il passa au milieu de la populace ameutée et prête au désordre, et pénétra jusqu'au foyer de l'insurrection. Le premier eunuque était sorti du palais pour haranguer ses partisans, et le prince put reconnaître que le favori, dont l'insolence l'avait si souvent indigné, était le chef de cette rébellion. Alors il s'approcha encore, confondu dans la foule des cavaliers, et, seul parmi tant d'ennemis, il ne perdit ni son sang-froid ni son courage. Son adresse, non plus, ne lui fit point défaut; il arracha les boutons globuleux de métal qui garnissaient ses habits pour s'en servir en guise de balles, chargea le fusil de chasse qu'il portait en bandoulière, et, ajustant le premier eunuque à une petite distance, il l'étendit roide mort.

Aussitôt le désordre se mit parmi les troupes, les soldats s'enfuirent en jetant leurs armes, et tous les partisans de Lin-king se dispersèrent pour tâcher de se soustraire au châtiment qu'ils méritaient. Le prince rentra triomphant dans la demeure impériale, dont les rebelles n'avaient pas violé le seuil, et le vieux Kia-king apprit, en même temps, les périls qu'il avait courus et sa délivrance.

Tao-kouang monta sur le trône en 1820. Selon l'usage des princes de sa dynastie, il avait épousé une femme tartare, une femme au grand pied. Elle ne lui avait point donné d'enfant; mais il eut de ses concubines une nombreuse postérité. En Chine, la loi et les mœurs n'établissent aucune différence entre les enfants nés de la femme légitime et ceux des concubines; tous ont les mêmes droits, et la stérilité de l'impératrice n'était d'aucune conséquence pour ce qui touchait à la succession au trône.

Pendant la première période de son règne, Tao-kouang appela à la gestion des affaires publiques des hommes d'Etat qui, aux yeux des populations, étaient les gardiens fidèles des traditions chinoises. Chaque nation dont l'histoire remonte fort loin dans le passé a son parti conservateur. Durant les époques tranquilles, c'est à ces représentants des vieilles garanties nationales que doit échoir le gouvernement. Mais lorsque le moment de modifier les anciennes constitutions est inévitablement arrivé, leur attachement exclusif aux choses du passé devient réellement un danger. Cette vérité politique est aussi sensible dans l'histoire des révolutions de l'empire du milieu que dans notre propre histoire. Les agents de Tao-kouang, Chinois jusqu'au fond des entrailles et pleins d'un superbe dédain pour les nations barbares, entraînèrent leur pays dans une guerre désastreuse, parce qu'ils ne comprirent pas que le moment était venu pour eux de descendre des hauteurs diplomatiques où leur présomption et la longanimité européenne les avait si longtemps maintenus. Plus tard, c'est encore le même esprit de résistance aux nécessités du temps qui a déterminé le mouvement insurrectionnel dont nous allons retracer l'histoire. De sorte que les deux événements les plus considérables que les annales chinoises aient enregistrés depuis un quart de siècle, la guerre contre l'Angleterre et la révolte du Kouang-Si, ont été déterminés par la même cause.

Malgré toutes les résistances du fils du ciel, la guerre de la Chine contre l'Angleterre eut pour résultat de faire entrer en quelque sorte la diplomatie chinoise dans le mouvement politique de l'Occident, et l'expérience que Tao-kouang avait faite à ses dépens n'a pas instruit son successeur. Avant de poursuivre, disons sommairement à quelle occasion cette première lutte fut engagée. Cet aperçu rentre d'ailleurs dans notre cadre, les orgueilleux mandarins étant réduits à appeler à leur secours les nations pour lesquelles ils affectaient naguère un si souverain mépris.

En vertu de son ancienne charte, la Compagnie des Indes avait, jusqu'en 1834, le monopole du commerce britannique avec la Chine. Ces marchands, qui ont fondé, hors de leur pays, l'empire le plus opulent et le plus vaste de notre époque. avaient seuls le droit de trafiquer des riches produits de l'empire du milieu. On comprend que, lorsque des difficultés s'élevaient entre les fonctionnaires chinois et les agents de la Compagnie, ceux-ci, exclusivement préoccupés des intérêts commerciaux, protestaient faiblement contre des prétentions souvent exorbitantes. Les représentants de la Compagnie n'étaient, pour la plupart, que d'habiles négociants, et celui d'entre eux qui, dans les derniers temps, a acquis la plus grande notoriété, sir John Davis, avait beaucoup plus de littérature que de susceptibilité nationale.

Lorsque, en 1834, le privilége de la Compagnie expira, le gouvernement anglais refusa de le renouveler, et tous les négociants de la Grande-Bretagne eurent le droit de trafiquer avec la Chine. Quelques années plus tard, l'empereur Tao-kouang résolut d'arrêter dans ses États l'invasion d'une coutume qui datait déjà de plus d'un siècle, et de défendre la vente de l'opium dans toute l'étendue du céleste empire. A cet effet, il envoya à Canton un homme dont il avait déjà apprécié les services. Ce mandarin, d'une intégrité reconnue, d'une volonté inflexible d'une rigidité quelque peu barbare, vint dans la capitale des deux Kouang remplacer un agent infidèle, qui, moyennant d'énormes rétributions, fermait les yeux sur le trafic illicite des négociants anglais et des contrebandiers.

Tout le monde trembla à l'arrivée du nouveau gouverneur, qui portait les insignes des plus hautes dignités, et dont l'extérieur était très-imposant.

Lin était alors un homme de cinquante ans environ ; il portait le globule rouge uni et la plume de paon à deux yeux.

Le seul tort de Lin fut de ne pas comprendre la différence des temps et de ne pas tenir compte du changement qui s'était opéré dans le personnel de ce groupe d'étrangers avec lesquels il avait à régler des questions si délicates et si difficiles. Tant que les mandarins avaient eu à traiter directement avec les mandataires de la Compagnie des Indes, ils avaient pu sans danger affecter une morgue dédaigneuse qui touchait médiocrement des hommes préoccupés avant tout de leurs intérêts. Mais, lorsque Lin se trouva subitement en rapport avec les agents d'un gouvernement jaloux de sa dignité, il vint se heurter à un écueil qu'il ne soupçonnait pas.

En homme habile, il aurait dû se borner aux mesures efficaces qu'il avait déjà prises. Grâce à son activité, à son zèle et surtout à la crainte qu'il inspirait, il avait rendu du nerf à l'administration chinoise, et les fraudeurs, traqués sans relâche par les gabelous du céleste empire, avaient presque renoncé à leur dangereux commerce. Mais, non content de ce premier succès, il voulut, par un acte de vigueur, frapper les commerçants anglais et leur ôter pour jamais la pensée de transporter de nouveau, à leurs risques et périls, la drogue narcotique dans l'empire du milieu.

Une nuit, les hongs ou factories, où résident les étrangers, furent environnés de troupes, et le lendemain, à leur réveil, les Anglais, les Américains et les Parsis apprirent qu'ils étaient prisonniers de Lin, et que le vice-roi des deux Kouang leur donnait trois jours pour lui livrer tout l'opium qu'ils avaient à bord des *receiving ships*, faute de quoi ils seraient punis avec la dernière rigueur du nouveau statut, ou, en d'autres termes, qu'ils auraient tous la tête tranchée.

La mesure était violente, d'autant plus que Lin n'était nullement dans son droit. En France, où l'on n'a pas toujours des idées justes, c'est un fait acquis que, dans cette guerre de l'opium, les Anglais eurent tous les torts, et que la cause du droit succomba dans le traité de Nankin : rien n'est plus faux. Les Anglais faisaient la contrebande sur les côtes du céleste empire exactement comme on la fait aujourd'hui sur nos frontières et sur nos côtes, et l'on n'a pas encore, que nous sachions, érigé en principe qu'on puisse saisir et menacer de la mort les négociants étrangers qu'on a sous la main, en prétextant qu'il y a en rade du Havre ou de Marseille des navires chargés de marchandises prohibées. Quoi qu'il en soit, lorsque Lin frappa ce coup hardi, il y avait devant l'île de Lin-Tin des navires chargés de plus de vingt mille caisses d'opium, représentant une valeur de plus de cinquante millions de francs. Cet engorgement provenait des mesures efficaces que l'administration du hoppo (directeur général des douanes de Canton) avait prises à l'instigation et sous la surveillance de Lin.

Dans cette situation extrême, les prisonniers écrivirent immédiatement au capitaine Elliot, commandant des forces navales de l'Angleterre dans les mers de Chine, lequel se trouvait alors à Macao. Ils lui firent connaître le danger qui menaçait leur vie et leur fortune en réclamant son intervention et ses secours. Le capitaine Elliot vint sur-le-champ se réunir à ses compatriotes. Après les avoir engagés à ne pas céder aux exigences des mandarins, il annonça qu'il achetait, au nom de S. M. la reine de la Grande-Bretagne, les vingt mille caisses d'opium, et il déclara qu'il faisait une question politique de ce qui n'eût été auparavant qu'une simple difficulté commerciale; après quoi il fit signifier à Lin qu'il eût à faire retirer ses troupes et à rendre la liberté aux sujets de la reine. Le vice-roi ne tint nul compte de cette sommation. Il répondit simplement que les mesures d'extrême rigueur ne cesseraient d'être exécutoires à l'égard des Anglais qu'après l'entière livraison de l'opium qui était à bord de leurs navires.

Comme le capitaine Elliot n'avait pas les forces suffisantes pour résister aux troupes chinoises, il livra la marchandise prohibée. Lin fit creuser d'immenses fosses, et l'opium, couvert de chaux vive, fut enfoui dans l'île de Lin-Tin, en présence de témoins, et après cette opération les négociants étrangers détenus à Canton furent rendus à la liberté.

Mais le jour des représailles ne tarda pas à arriver ; quelque temps après, les navires de la Grande-Bretagne remontaient la rivière de Canton, démantelant les forts et menaçant les deux rives, et ils prenaient une forte position sur les côtes septentrionales de la Chine en s'emparant de l'archipel de Tchou-San. Quand on reçut ces nouvelles à Pékin, Lin fut immédiatement rappelé, et l'empereur désigna pour le remplacer Ki-chan, un des membres de la famille impériale. Ki-chan était un homme capable et résolu ; il comprit sur-le-champ à quels ennemis il avait affaire, et dans quels périls l'imprudence et la présomption de son prédécesseur avaient mis le gouvernement. En diplomate habile, il n'hésita pas à accepter l'ultimatum posé par les barbares, c'est-à-dire qu'il évita la guerre, une guerre désastreuse, à des conditions assez dures, une forte indemnité payée aux Anglais, la cession de Hong-Kong, etc., etc. Mais, lorsque le traité fut soumis à la sanction de l'empereur, le fils du ciel le rejeta avec colère. Ki-chan fut rappelé ignominieusement, et subit la plus éclatante disgrâce dont un haut fonctionnaire ait été frappé sous le règne de Tao-kouang. Il fut dégradé publiquement, ses biens furent confisqués, ses concubines vendues, sa maison rasée, et, pour dernière misère, il fut exilé au fond de la Tartarie.

Ces revirements subits de fortune sont un spectacle que le céleste empereur donne souvent au peuple chinois. Les classes inférieures applaudissent toujours à ces soudaines péripéties, qui satisfont ses instincts grossiers : pour elles, un coup fortement frappé est toujours justement appliqué. Ceux de nos lecteurs qui voudraient faire plus ample connaissance avec le grand mandarin Ki-chan n'ont qu'à lire le *Voyage au Thibet* de MM. Huc et Gabet ; ils l'y retrouveront, à Lassa, dans l'intimité des intrépides voyageurs.

Un mandarin du nom de Y-chan remplaça Ki-chan dans le gouvernement de Canton. Il rapportait lacéré le traité que son prédécesseur avait conclu. Aussitôt les hostilités recommencèrent. Tout le monde connaît les résultats de l'expédition anglaise : Ning-Po, Chang-Haï, Tchou-San, Ting-Haï, tombèrent successivement aux mains des Anglais, qui contraignirent enfin les Chinois à signer, à Nankin, un traité par lequel ils firent aux barbares la cession de Hong-Kong, leur permirent l'entrée de quatre nouveaux ports sur les côtes septentrionales de l'empire, leur accordant en outre l'occupation de Tchou-San pendant cinq années, et s'engageant de plus à leur payer une forte indemnité.

Ce fut Ki-in, un autre membre de la famille impériale, qui vint conclure ce traité. Ki-in, que nous avons connu intimement, était l'ami politique de Mou-tchang-ha, le premier ministre, président du conseil. Ces deux personnages furent incontestablement les plus grands hommes d'État de l'époque où régna Tao-kouang. Il est très-probable que le sublime empereur, le fils du ciel, n'a jamais su précisément ce qui s'était passé entre les Anglais et les Chinois. Il mourut, sans doute, avec la douce consolation que ses troupes étaient invincibles, et que, si l'on avait fait l'aumône de Hong-Kong à quelques misérables dépaysés, c'est qu'ils avaient imploré le bonheur de devenir ses sujets.

Quoi qu'il en soit, le traité de Nankin signé et ratifié, Ki-in fut nommé gouverneur des deux Kouang et vint occuper le poste difficile de Canton. Dès cet instant, il fit entrer ses convictions dans l'esprit de Mou-tchang-ha, le premier ministre, et, grâce à son influence sur ce grand dignitaire, si parfois des difficultés s'élevèrent encore entre les Occidentaux et les Chinois, une rupture devint à peu près impossible. Nous devons ajouter que cette politique nouvelle, que cette attitude des conservateurs progressistes irrita contre eux la populace de Canton. On les accusa de pactiser avec l'étranger et de trahir leur souverain dans l'intérêt des barbares. Des milliers de placards ont signalé le nom de Ki-in à la haine et aux vengeances populaires. Nous allons citer textuellement une de ces affiches, pour prouver que l'injustice, la violence et les passions mauvaises sont de tous les pays et de toutes les races :

« Nos mandarins carnivores ont été jusqu'ici de

connivence avec ces bandits d'Anglais dans tout ce que ceux-ci ont fait contre l'ordre et la justice; et notre nation déplorera encore dans cinq cents ans l'humiliation qu'on lui a fait subir.

« Dans la cinquième lune de cette année, plus de vingt Chinois ont été tués par les étrangers ; leurs corps ont été jetés à la rivière et enterrés dans le ventre des poissons ; mais nos hautes autorités ont traité ces affaires comme si elles n'en avaient pas entendu parler : elles ont regardé les *diables étrangers* comme s'ils étaient des dieux, elles n'ont pas fait plus de cas des Chinois que s'ils étaient de la chair de chien, et ont méprisé la vie des hommes comme les cheveux que l'on rase sur la tête. Elles persistent à ne vouloir faire au trône aucune représentation, et à ne pas s'occuper de cette affaire comme elles le devraient. Des milliers de gens se sont lamentés et indignés ; la douleur a pénétré la moelle de leurs os, et ils n'ont trouvé d'autre consolation que de mettre leur douleur en commun dans les assemblées publiques ! » etc.

Ces absurdes accusations n'eurent alors aucune influence sur la destinée politique de Ki-in. L'empereur, satisfait de ses services, le rappela à Pékin pour lui conférer de nouvelles dignités et l'élever à de plus hautes fonctions; il devint le collègue de Mou-tchang-ha. Ces deux hommes d'État essayèrent alors de réaliser quelques réformes : le premier essai porta sur l'art militaire. Ki-in comprenait parfaitement que les soldats chinois, armés comme les héros d'Homère, d'arcs et de flèches, ou embarrassés de vieilles arquebuses à mèche, ne pouvaient lutter contre les troupes européennes, et il essaya de changer cet équipement grotesque. Nous trouvons, sur ce sujet, un rapport très-curieux présenté à l'empereur sous le ministère de Ki-in : il s'agit de remplacer l'arquebuse à mèche par le fusil à piston. On va voir que, dans cette espèce de révolution, la Chine a sur nous un avantage : elle a passé pardessus la platine à silex.

« J'expose avec respect que, Votre Majesté ayant chargé un prince de la famille impériale de procéder à l'essai des armes à percussion, fabriquées dans mon département, toutes ces armes ont été trouvées d'un excellent usage. Cependant, comme les batteries des fusils et des pierriers à percussion présentent, dans leur mécanisme, une certaine analogie avec les montres et les pendules, elles sont à chaque instant susceptibles de se déranger et de ne pas marcher du tout, et exigent par conséquent des réparations fréquentes, qu'il ne faut pas négliger, afin de les tenir toujours en état de servir au premier besoin.

« Pour la fabrication de la poudre fulminante et de la poudre ordinaire, il faudra un supplément annuel de mille cattis de salpêtre et cinquante cattis de soufre, que je prie Votre Majesté de me faire délivrer.

« Il faudra que cinquante mille capsules en cuivre soient mises annuellement en réserve dans les arsenaux, et renouvelées, après un temps convenable, pour parer aux éventualités d'une guerre imprévue. En dehors de cet approvisionnement, on fabriquera la quantité de capsules nécessaire aux exercices à feu, qui ont lieu pendant les grandes revues de printemps et d'automne.

« Une année s'est à peine écoulée depuis que Votre Majesté a ordonné la fabrication des armes de guerre susdites, et tous ceux qui y furent employés, artificiers, officiers et soldats, ont déjà acquis une expérience merveilleuse, non-seulement dans l'art de les fabriquer, mais aussi dans celui de s'en servir. Nous prions donc Votre Majesté de vouloir bien accorder à chacun d'eux la récompense que méritent ses louables efforts. Nous vous demandons aussi de publier un édit qui fasse connaître le nom mantchou que devront porter les fusils à piston. »

Ainsi, dans les derniers jours du règne de Tao-kouang, l'empire du milieu entra dans la voie d'un véritable progrès, Mou-tchang-ha et Ki-in contribuèrent puissamment à cette impulsion. L'esprit conciliant des deux ministres favorisait des relations meilleures. Les Anglais donnaient la chasse aux pirates dans l'intérêt du commerce des deux nations; si quelque jonque suspecte se montrait dans la mer du Sud, ils coulaient ces forbans, et tout allait pour le mieux, lorsqu'un événement inattendu changea la situation.

CHAPITRE II.

AVÉNEMENT DE L'EMPEREUR HIÈN-FOUNG.

Le 26 février 1850, à sept heures du matin, les abords du palais impérial de Pékin étaient obstrués par une foule compacte de mandarins des ordres inférieurs, et de serviteurs aux vêtements blancs, à la ceinture jaune, lesquels parlaient à voix basse, et portaient sur leurs traits l'expression d'une douleur officielle. Au milieu de ce flot de fonctionnaires subalternes, stationnaient seize individus, accompagnés chacun d'un valet qui tenait en laisse un cheval sellé et bridé. Ces seize personnages avaient le bonnet de satin attaché sous le menton et surmonté du globule blanc ; ils portaient une ceinture de grelots ; un tube de couleur jaune était passé en sautoir à leur épaule, et ils tenaient à la main un fouet aux lanières sifflantes. Un des grands dignitaires sortit du palais, et vint remettre de sa main à chacun de ces hommes un pli fermé du sceau rouge, du sceau impérial; ceux-ci, après s'être inclinés pour le recevoir, ramenèrent devant leur poitrine le tube, qui, sauf sa couche jaune, ressemblait parfaitement au cylindre de fer-blanc où les soldats libérés enferment leur congé; ils y placèrent avec respect la dépêche officielle; puis ils sautèrent à cheval, et les palefreniers les assujettirent sur la selle avec des courroies qui passaient sur les cuisses. Lorsqu'ils furent solidement attachés, la foule s'écarta et les chevaux partirent au triple galop. Ces seize cavaliers, qu'on appelle *Féï-ma*, chevaux volants, devaient faire, chaque vingt-quatre heures, six cents *li* ou soixante lieues, selon notre manière de compter. Ils allaient porter aux gouverneurs généraux des seize provinces du céleste empire la dépêche suivante :

« Le ministère des rites fait savoir en grande hâte au gouverneur général que, le 14 de la première lune, l'empereur suprême, monté sur le dragon, est parti pour les régions éthérées. Le matin, à l'heure *mao*, Sa Majesté céleste a transmis la dignité impériale à son quatrième fils, *Se-yo-ko*, et le soir, à l'heure *haï*, elle est partie pour le séjour des dieux.

« Il est ordonné, en conséquence, que le deuil de l'impératrice douairière, qui allait bientôt finir, soit immédiatement repris par tous les fonctionnaires civils et militaires, sans que, dans l'intervalle, il soit permis de se faire raser la barbe et les cheveux. Un décret postérieur fera connaître la durée du grand deuil impérial. »

Comme on le voit, l'empereur Tao-kouang était mort, transmettant, selon les constitutions de l'empire, la dignité suprême au successeur qu'il s'était choisi. C'était son quatrième fils qui allait porter le sceptre ; mais le fils du ciel avait dérogé aux anciens usages en désignant de vive voix son héritier. Ordinairement ce legs de la toute-puissance était consigné longtemps d'avance dans un acte solennel qu'on déposait dans un coffret d'or, lequel était ouvert avec grand apparat lorsque l'empereur avait cessé de vivre. Mais, en Chine même, les dernières volontés des monarques défunts ne sont pas toujours respectées, et l'on y reconnaît, comme partout ailleurs, la vérité de ce dicton mal sonnant :

« Mieux vaut goujat debout qu'empereur enterré. »

L'histoire du Céleste empire offre plus d'un exemple de cette violation des ordres posthumes du souverain ; il n'est pas inutile de rapporter ici un des plus frappants, parce qu'il présente des traits caractéristiques de la civilisation et des mœurs chinoises :

Le second empereur de la dynastie des Tsin, *Tsin-che-houang*, étant déjà vieux et cassé, envoya son fils *Fou-sou*, héritier de la couronne, dans le nord de la Chine pour présider aux travaux de défense que trois cent mille hommes exécutaient sur la frontière de Tartarie. Il donna pour guide et pour surveillant au jeune prince le célèbre Mong-tièn, un général expérimenté, la plus illustre épée de son temps. Tandis que le prince impérial et ses trois cent mille hommes travaillaient à cette grande muraille de la Chine, que les voyageurs ont si considérablement allongée dans leurs récits, il prit envie au vieil empereur Tsin-che-houang d'aller en pèlerinage dans les provinces méridionales, afin de visiter les tombeaux de ses prédécesseurs *Chuen* et *Yu*. Ce dernier est le Deucalion de la mythologie chinoise et sa mémoire est en grande vénération.

Tsin-che-houang fit ce long trajet accompagné de son second fils, Hou-haï, et de Tcha-kao, chef des eunuques. Le vieil empereur ne put supporter les fatigues du voyage ; il tomba malade fort loin de sa capitale, et, sentant sa fin approcher, il écrivit à son fils aîné de quitter la frontière et de se rendre en toute hâte dans la capitale de l'empire, pour y attendre la nouvelle de sa mort et célébrer ses funérailles lorsque ses fidèles serviteurs y auraient conduit son corps.

Le chef des eunuques, chargé d'apposer le sceau impérial sur cette missive et de l'expédier au prince héritier de l'empire, fabriqua une autre dépêche et la substitua audacieusement à celle de l'empereur mourant. Dans cette pièce, revêtue des marques authentiques, Tsin-che-houang ordonnait au prince son fils, et à l'illustre épée qui l'accompagnait, de se donner la mort en expiation de leurs malversations.

Le lendemain de cette substitution, l'empereur mourut. L'infâme Tcha-kao décida alors le second fils à s'emparer du trône ; mais, pour parvenir à cette usurpation, il fallait cacher pendant un certain temps la mort de l'empereur, afin que les hauts fonctionnaires et les jeunes princes de la famille impériale qui étaient restés dans la capitale ne fissent point proclamer spontanément l'héritier désigné d'avance par le monarque défunt.

L'eunuque imagina alors un stratagème : le corps, enveloppé de vêtements somptueux et dans la même attitude que s'il était vivant, fut placé dans une litière environnée d'un léger treillis et cachée par des rideaux de soie ; quelques affidés pouvaient seuls en approcher ; et l'eunuque fit publier tout le long de la route que l'empereur, voulant hâter son retour, voyagerait jour et nuit sans descendre de sa litière. A l'heure des repas, on s'arrêtait un moment pour prendre des aliments que consommait un homme caché dans la litière à côté du cadavre, et aucun œil curieux ne pouvait rien distinguer à travers les épais rideaux de soie.

Par malheur, ceci se passait durant les fortes chaleurs de l'été, et ce corps mort ne tarda pas à exhaler des miasmes insupportables ; cette circonstance allait déceler la terrible vérité, mais l'eunuque s'avisa d'un nouvel expédient : il fit précéder le convoi impérial d'un édit antidaté par lequel l'empereur, préoccupé des intérêts du commerce, permettait aux chariots des marchands d'huîtres de suivre le même chemin que son cortége; ce qui, précédemment, leur était sévèrement interdit, parce que leur marchandise répand une puanteur excessive. Ces huîtres, qu'on appelle en chinois *pao-yu*, sont d'énormes coquilles que les naturalistes désignent sous le nom de spondyles, et, à cette époque comme aujourd'hui, le peuple en faisait une énorme consommation.

Les marchands profitèrent de la permission qui leur était octroyée; les spondyles précédèrent et suivirent par milliers le cortége impérial, et l'environnèrent d'une atmosphère qui défiait l'odorat le plus subtil de reconnaître, à travers les émanations alcalines, les émanations putrides du cadavre. Le véhicule impérial arriva ainsi dans la capitale, où il fut reçu au bruit des gongs et aux acclamations de la multitude.

Le prince Hou-haï et l'eunuque prirent aussitôt leurs dispositions; ils gagnèrent les hauts fonctionnaires et les soldats; puis ils annoncèrent la mort de Tsin-che-houang et proclamèrent le nouvel empereur. Tandis que ceci se passait à Ping-Yuèn, Fou-sou et Mong-tièn recevaient avec stupeur l'édit impérial qui leur ordonnait de se donner la mort. Le vieux général fit observer à son élève qu'il était contraire aux règles d'une saine politique de donner à des généraux qui commandaient à trois cent mille hommes l'ordre de se tuer de leur propre main, sans même avoir pourvu à leur remplacement, et il fut d'avis que la missive impériale était apocryphe. Mais Fou-sou répondit héroïquement que la piété filiale lui commandait d'obéir, sans examen ni discussion, à un ordre revêtu du sceau paternel, et, sans hésiter, il se poignarda.

L'avénement de l'empereur actuellement régnant ne fut pas environné d'aussi funestes circonstances, quoique son père ne l'eût point désigné dans les termes auxquels ce peuple, essentiellement formaliste, attache une grande importance. Il monta sur le trône sans opposition, et, si nous avons raconté la catastrophe du prince Fou-sou, c'est seulement dans le but de faire comprendre au lecteur combien les attentats les plus audacieux s'accomplissent aisément dans un pays où le souverain, presque invisible, est entouré de gens qui peuvent, dans un moment donné, s'entendre pour garder les plus redoutables secrets et violer sans lutte, sans combat, la loi de la succession au trône. Le nouvel empereur quitta, selon l'usage, le nom qu'il avait porté jusqu'alors, et prit le nom de Hièn-foung, qui signifie *complète abondance*.

CHAPITRE III.

LE NOUVEL EMPEREUR ET LES ANCIENS MINISTRES. — PREMIÈRES NOUVELLES DU MOUVEMENT INSURRECTIONNEL.

Après la mort de Tao-kouang, l'un de nous écrivait les lignes suivantes : « Il faut être bien ignorant des affaires de Chine, ou avoir quelque intérêt à dissimuler la vérité, pour méconnaître la gravité de la situation politique résultant de la mort du vieil empereur. » Nous adressions ces paroles à des publicistes qui semblent croire que les populations du céleste empire sont entièrement étrangères aux sentiments qui animent les peuples de l'Occident. Quant à nous, qui sommes convaincus depuis longtemps que le dédain des Chinois pour les arts des barbares est dû à une exagération de l'amour-propre national, nous ne pouvions nous dissimuler la gravité de la situation.

Un jeune homme de dix-neuf ans, héritant de la toute-puissance, succédant à un vieillard dont le règne avait été traversé par des événements d'une incalculable portée, nous semblait une épreuve fort dangereuse pour les destinées de l'empire. Il était à craindre qu'il n'obéît aux sentiments et aux inspirations de ceux de son âge, et, il faut bien le dire, en Chine, la jeunesse lettrée et le peuple ignorant partagent les mêmes opinions politiques. Ils professent une haine égale pour l'étranger ; ils ont la même répulsion instinctive pour les institutions des autres pays. Les arts des autres peuples leur semblent entachés d'hérésie, car ils sentent qu'à leur suite pénétreraient chez eux d'autres mœurs et d'autres coutumes. En un mot, ils sont réactionnaires par nature et par attachement aux coutumes nationales. C'est l'âge mûr qui, formé à l'école de l'expérience, apprécie les arts et les institutions des nations chrétiennes. Ki-in, avant d'avoir subi aucune disgrâce, du temps de notre séjour en Chine, faisait souvent l'éloge des gouvernements de l'Angleterre, des États-Unis et de la France, et, dans le même moment, Ki-chan, injustement précipité du faîte des grandeurs, exprimait la même pensée à MM. Huc et Gabet, dans la ville sainte du Thibet.

L'avénement de Hièn-foung fut salué par toutes les espérances. Le parti national voyait en lui le régénérateur de l'ancien exclusivisme. S'il n'espérait pas lui voir reconstruire la grande muraille qui s'écroule, il pouvait croire, sans trop de vanité, qu'il barrerait le fleuve de Canton pour empêcher les *bateaux de feu* des barbares de remonter jusqu'à la capitale des deux Kouang. D'autre part, les conservateurs progressistes pensaient que le fils de Tao-kouang, l'élève de Ki-in, conserverait la paix avec l'étranger, régulariserait le commerce de l'opium, comme les Anglais l'ont fait dans l'Inde, les Hollandais dans la Malaisie, comme nous avons nous-mêmes réglé la vente de deux poisons tout aussi dangereux, les alcools et le tabac; et qu'enfin les armées, les flottes et l'administration chinoises arriveraient, par d'importantes réformes, aux améliorations que commandaient les temps nouveaux.

Dans les pays monarchiques, dans les monarchies absolues surtout, les commencements d'un nouveau règne donnent carrière à toutes les illusions, à tous les rêves ambitieux. Chacun, pénétré de son utopie, compte la voir se réaliser, parce qu'il suffirait pour cela d'un signe de la volonté souveraine, et durant les premiers jours du règne de Hièn-foung, les divers partis crurent tous à l'avenir de leur système politique.

Cependant le jeune empereur vivait, entouré d'un peuple de flatteurs, d'eunuques et de concubines, dans son immense palais, aussi vaste qu'une de nos grandes villes fortifiées. Il ne dépassait pas les limites de ces jardins dont les allées sont sablées de quartz aux mille couleurs, et l'on put croire qu'il était absorbé dans les voluptés raffinées, les splendides jouissances que cachent ces retraites impénétrables aux regards du vulgaire. Les hommes politiques commençaient à s'étonner de cette longue inaction, lorsqu'un jour la foudre éclata : la puissance absolue se manifesta enfin, l'instant était venu des chutes inattendues, des fortunes inespérées. C'était le parti réactionnaire qui triomphait. Le *Moniteur* de Pékin donna la révocation de Mou-tchang-ha et de Ki-in, en motivant cette mesure de la manière suivante :

« Employer les hommes de mérite et chasser les indignes, c'est là le premier devoir d'un souverain ; car, si on use de ménagements envers les indignes, l'administration perd toute sa force.

« Dans ce moment, les dommages causés à l'empire par la négligence de quelques fonctionnaires ont atteint les dernières limites. Le gouvernement tombe partout en décadence ; le peuple est dans un état de démoralisation générale, et c'est sur moi que retombe ce déplorable état de choses. C'était pourtant le devoir des ministres placés auprès de moi de proposer de bonnes mesures, de réformer les mauvaises, et de me prêter ainsi une assistance journalière qui m'empêchât de faillir.

« Mou-tchang-ha, en qualité de premier ministre du cabinet, a joui de la confiance de plusieurs empereurs ; mais il n'a tenu aucun compte des difficultés attachées à sa charge, ni de l'obligation où il était de s'identifier avec la vertu et les bons conseils de son souverain. Au contraire, tout en conservant sa position et le crédit qui y était attaché, il a éloigné des emplois, au grand détriment de l'empire, les hommes d'un mérite réel ; et prenant, pour mieux me tromper, des dehors de dévouement et de fidélité, il n'a employé son talent qu'à faire habilement accorder mes idées avec les siennes.

« Un des actes qui soulèvent le plus l'indignation, c'est la destitution qu'il prononça contre les hommes qui avaient des opinions politiques différentes des siennes, à l'époque où fut entamée la question des barbares. A l'égard de Ta-houng-ha et Yao-joung, par exemple, dont la fidélité et l'énergie extrêmes lui faisaient ombrage, il n'a eu de repos qu'après les avoir renversés ; mais, à l'égard de Ki-in, homme sans honte et mort à la vertu, qu'il espérait avoir pour complice de ses iniquités, il ne fut content que lorsqu'il l'eut porté à la plus haute élévation. On ne saurait dire le nombre d'exemples semblables où la faveur a été employée par lui pour s'emparer à chaque fois d'une plus grande portion de pouvoir.

« Le dernier empereur avait trop de droiture, trop d'équité, pour soupçonner les hommes de perfidie, et c'est pour cela que Mou-tchang-ha a pu marcher sans crainte et sans obstacles dans la voie de ses désordres. Si la lumière s'était faite une fois sur toutes ses trahisons, nul doute qu'il n'eût subi un châtiment sévère, nul doute qu'aucune commisération n'eût été ressentie pour sa personne ; mais l'impunité et la continuation des bontés impériales augmentèrent sa hardiesse, et il arriva jusqu'à ce jour sans changer de conduite.

« Au commencement de notre règne, toutes les fois que l'occasion se présentait d'avoir son avis, ou il le donnait dans des termes équivoques, ou il gardait le silence. Mais, quelques mois après, il entreprit de déployer la ruse. Lorsque le navire des barbares Anglais arriva à Tièn-Tsin, il s'entendit avec son confident Ki-in, afin de faire prévaloir sa politique et d'exposer les populations de l'empire au retour des calamités passées. On ne saurait dépeindre tous les dangers cachés dans ses intentions.

« Lorsque le ministre Pan-che-gan nous conseilla fort d'employer Lin, Mou-tchang-ha fit valoir sans cesse que la faiblesse et les infirmités de Lin rendaient cet homme impropre à tout emploi ; et, lorsqu'enfin nous lui avons ordonné d'aller au Kouang-Si exterminer les rebelles, Mou-tchang-ha mit alors en question l'aptitude de Lin pour cette mission. Il a cherché à nous éblouir en cela par sa fausseté, de manière à nous empêcher de savoir ce qui se passait au dehors : et voilà vraiment en quoi consiste sa culpabilité.

« Quant à Ki-in, ses penchants antipatriotiques, sa couardise, son incapacité, sont au-dessus de toute expression. Pendant qu'il était à Canton, il ne fit autre chose qu'opprimer le peuple afin de plaire aux barbares, au grand préjudice de l'État. Ceci n'a-t-il pas été clairement démontré dans la discussion relative à l'entrée des Européens dans la ville officielle?

« D'un côté, il a faussé les principes sacrés de la justice, tandis que, d'un autre côté, il a outragé les sentiments naturels de la nation, donnant ainsi lieu à des hostilités auxquelles on n'avait aucun motif de s'attendre.

« Fort heureusement notre prédécesseur, pleinement informé de la duplicité de cet homme, le rappela en toute hâte à la capitale; et, quoiqu'il ne l'ait pas immédiatement destitué, il n'eût certainement pas manqué de le faire en temps utile.

« Souvent, cette année, lorsqu'il était appelé devant nous, Ki-in a parlé des barbares Anglais, faisant valoir combien ils sont à craindre et combien ce serait urgent de s'entendre avec eux s'il survenait quelque différend. Il croyait que nous ne connaissions pas sa trahison, et qu'il nous tromperait ainsi facilement; mais plus il déclamait, plus sa dépravation devenait évidente à nos yeux, et ses discours ne furent plus à nos oreilles que comme les aboiements d'un chien enragé ; il cessa même d'être un objet de commisération.

« Les manœuvres de Mou-tchang-ha étaient déguisées et difficiles à découvrir : celles de Ki-in étaient palpables et visibles pour tout le monde; mais, eu égard aux dommages qui devaient en résulter pour l'empire, le crime de ces deux personnages a une égale gravité. Si nous ne sévissions pas contre eux avec toute la rigueur des lois, comment témoignerions-nous de notre respect pour les institutions de l'empire? comment notre exemple fortifierait-il le peuple dans les sentiments de la rectitude?

« Considérant néanmoins que Mou-tchang-ha est un ancien ministre qui a tenu les rênes de l'empire sous trois règnes consécutifs, notre cœur ne peut pas se décider à lui infliger tout d'un coup le châtiment sévère qu'il mérite. Nous voulons donc qu'il soit traité avec douceur ; qu'il soit simplement destitué de son rang, et que jamais plus il ne soit appelé à aucun emploi.

« L'incapacité de Ki-in a été excessive ; cependant, eu égard aux difficultés de sa position, nous voulons aussi qu'il soit traité avec indulgence, qu'il soit dégradé jusqu'au cinquième rang, et qu'il attende comme aspirant à un emploi dans un des six ministères.

« La conduite égoïste de ces deux hommes et leur infidélité envers le souverain sont choses connues de tout l'empire. Cependant nous les avons traités avec mansuétude, ne les condamnant pas à une peine extrême. En examinant leur cause, nous y avons apporté toute la maturité possible, nous y avons réfléchi longtemps, et, comme tous nos ministres le savent, nous n'avons pris qu'avec peine une décision devenue indispensable.

« Que désormais tous les officiers civils et militaires de la capitale et des provinces montrent, par leur conduite, qu'ils sont dirigés par les principes d'une saine morale, et servent loyalement l'empire sans craindre les difficultés ni chercher un paresseux repos. Si quelqu'un possède des moyens propres à développer l'action bienfaisante du gouvernement ou le bien-être du peuple, qu'il les fasse librement connaître ; personne ne doit se laisser guider par son attachement pour son maître politique, ni par ses sympathies pour ses protecteurs.

« Tel est le but de nos plus ardents désirs. Que notre décision soit publiée dans la capitale et partout au dehors, afin que tout l'empire en ait connaissance.

« Respectez ceci. Daté du 18ᵉ jour de la 10ᵉ lune de la 30ᵉ année de Tao-kouang (21 novembre 1850). »

Cette pièce porte la date du règne de Tao-kouang, quoiqu'elle ait été promulguée par son successeur. Voici l'explication de cette confusion apparente : l'année de la mort d'un empereur est toujours comptée par les chronologistes chinois comme appartenant tout entière à son règne.

Il faut se souvenir que Ki-in, si cruellement rabaissé, avait possédé toute la confiance de l'empereur Tao-kouang, dont il était le proche parent; qu'il s'était vu au faîte des grandeurs, et qu'il avait reçu de son souverain la plus haute marque d'estime quand il avait été désigné par lui pour présider aux funérailles de l'impératrice douairière.

Les successeurs de Mou-tchang-ha et de Ki-in furent choisis parmi les ennemis les plus acharnés des Européens, et ils s'appliquèrent surtout à détruire l'effet que le contact des barbares avait pu produire sur quelques individus de léur nation. Cet abandon de la politique paternelle ne porta pas bonheur au nouveau monarque. Peu après la victoire du parti réactionnaire, on eut la première nouvelle de la révolte du Kouang-Si.

Des symptômes précurseurs avaient en quelque sorte annoncé cette insurrection ; le merveilleux précéda la réalité, et lui prêta d'avance son prestige en donnant à la rébellion du Kouang-Si le caractère d'un événement prédit par les prophètes et attendu par les croyants. Le bruit courut parmi le peuple que des prophéties avaient fixé à la quarante-huitième année de ce cycle, laquelle commença en 1851, l'époque du rétablissement de la dynastie des Ming. On ajoutait qu'un sage, qui vivait sous le dernier empereur de cette race, avait sauvé son étendard, et qu'il avait prophétisé que celui qui le déploierait au milieu de son armée monterait sur le trône. Au début de l'insurrection, on affirma que les rebelles marchaient sous ce drapeau miraculeux, et ce fait ne fut point mis en doute parmi le peuple. Nous avons sous les yeux plusieurs de ces décrets sibyllins, dont les phrases obscures semblent calquées sur les versets de Nostradamus et de saint Césaire. Le vulgaire ne croit pas à l'extinction des vieilles races royales ; il n'est jamais certain que leur dernier représentant soit couché dans sa tombe : le peuple portugais attend encore le retour du roi don Sébastien, tué à la bataille d'Alcazar-Quivir, il y a près de trois siècles.

Bientôt l'inquiétude s'empara de tous les esprits. On parla de mandarins infidèles ou séduits ; on exagéra le nombre et l'importance des affiliations occultes, et il se forma sur divers points des réunions où l'on discutait publiquement la légitimité de la dynastie tartare, et la nécessité de la remplacer par une dynastie nationale. Le mouvement fut si manifeste, qu'un journal anglais publia, au mois d'août 1850, l'article suivant :

« 24 août. — Sous l'influence puissante des lettrés, et par suite d'un malaise général en Chine, le cri de réforme éclate de toutes parts. Les principes nouveaux font des progrès immenses, et le jour approche rapidement ou l'empire sera déchiré en lambeaux par la guerre civile. Dans les haute et moyenne classes, à Pékin, on croit fermement à la prophétie répandue en Chine, depuis un siècle, que la dynastie actuelle sera renversée au commencement de la quarante-huitième année de ce cycle ; et cette année fatale commencera le 1er février prochain.

« Cet événement n'est point improbable, si on examine avec attention les mouvements révolutionnaires qui se manifestent simultanément sur les points les plus éloignés de ce vaste empire. Déjà l'œuvre de la révolution a débuté dans la province du Kouang-Si, à proximité de la première ville commerçante de Chine ; et on croit généralement, parmi les lettrés de Canton, que ce n'est là qu'un ballon d'essai, une tentative insidieuse ayant pour but de sonder l'opinion des masses, et de pousser le gouvernement tartare à mettre en évidence les moyens dont il peut disposer pour se maintenir.

« Jusqu'à présent, les rebelles ont triomphé de toutes les résistances, et leur chef, portant le titre de généralissime, déclare hautement que le mouvement révolutionnaire a pour objet de détrôner la dynastie régnante, et d'en fonder une autre d'origine chinoise. C'est en vain que les autorités ont mis tout le contingent de leurs districts sous les armes; le torrent a tout emporté devant lui, et plusieurs mandarins ont été victimes de leur dévouement. Cependant les succès des rebelles ne font pas honneur à leur cause; leur passage est marqué par le pillage, le meurtre, l'incendie, et tous les actes de brigandage qu'on se permet à peine dans les villes emportées d'assaut, quoique les populations ainsi accablées n'y aient donné aucun motif, puisqu'elles sont les premières à souffrir de la tyrannie impériale. Les lettrés et les riches du parti n'approuvent point ces excès déplorables, mais ils n'ont pas le pouvoir de les empêcher.

« Outre les sociétés secrètes, plus nombreuses maintenant que sous le défunt empereur, des clubs se forment partout, en dépit des lois qui défendent les réunions. Là, on fait prêter serment à chaque membre de travailler de tout son pouvoir au renversement de la dynastie des Tsing, et de poursuivre cette noble entreprise jusqu'à parfait accomplissement.

« Pendant que ce travail de régénération s'effectue, l'enfant qui porte le sceptre impérial flétrit les ministres dévoués qui, voyant l'approche de la tempête, osent porter aux pieds du trône les conseils de l'expérience et de la sagesse. Au cri de Réforme que pousse la nation, le monarque aveugle répond par celui de Résistance; au mouvement naturel des esprits qui fait avancer la Chine dans la voie du progrès, il oppose un mouvement factice pour la faire reculer dans les ornières impraticables du passé. Faudra-t-il s'étonner si, dans un conflit aussi inégal, la dynastie tartare succombe? Elle ne pourra imputer sa chute à d'autres qu'à elle-même. »

On verra plus tard avec quelle habileté les insurgés ont exploité la crédulité populaire, avel quel art ils ont fait mouvoir dans l'ombre un personnage qui ne parle point, qui ne se montre jamais, mais au nom duquel marche une armée de cent mille hommes. Et, chose étrange, les deux principaux compétiteurs, dans cette immense lutte, sont deux jeunes hommes sortis à peine de l'adolescence. L'empereur Hièn-foung n'a que vingt-deux ans. Il est d'une taille moyenne; sa membrure témoigne d'une grande aptitude aux exercices corporels. Il est mince et bien musclé. Sa physionomie, qui annonce une certaine résolution, est surtout caractérisée par un front très-élevé et par l'obliquité presque défectueuse de ses yeux. Il a les pommettes très-saillantes et fortement arquées. L'espace entre les deux orbites est large et plat, comme le front d'un buffle. Hièn-foung est d'un caractère entier et crédule. Au milieu du luxe et de la mollesse, il affecte des mœurs sévères, et, malgré son jeune âge, il est marié déjà. L'impératrice est une princesse tartare, au grand pied, qui n'a rien de la mignardise et des grâces débiles des dames chinoises au petit pied. L'empereur aime à la voir se livrer, auprès de lui, aux exercices violents qui plaisent aux femmes de sa nation, et elle caracole souvent avec lui dans les immenses jardins du palais.

Le chef de l'insurrection, Tièn-tè, n'a pas plus de vingt-trois ans; mais l'étude et les veilles l'ont prématurément vieilli. Il est grave et triste; il vit fort retiré, ne communiquant avec ceux qui l'entourent que pour donner ses ordres. Sa physionomie exprime la douceur, mais cette douceur propre à certains ascétiques, qui n'exclut ni la fermeté, ni une espèce d'obstination propre aux natures croyantes. Son teint est celui des Chinois des provinces méridionales; il est en quelque sorte safrané. Sa taille est plus haute que celle de Hièn-foung; mais il paraît moins robuste. L'un et l'autre ont subi l'influence de leur éducation, et le moral se reflète dans le physique. Le jeune empereur, svelte, hardi, le regard assuré, commande avec hauteur et veut qu'on lui obéisse aveuglément. Tièn-tè, au contraire, a un regard

4

impassible, qui semble soulever un à un les replis de l'âme humaine et plonger dans ses profondeurs. Il commande plus par suggestion qu'en dictant directement ses ordres. En un mot, il a la réserve silencieuse de l'homme qui a beaucoup réfléchi avant de s'ouvrir à quelqu'un sur ses projets. Quant à son attitude, voici en quels termes un Chinois raconte l'entrée du prétendant dans une des nombreuses villes dont ses troupes se sont emparées : « Le cor-
« tége du nouvel empereur me rappela les scènes
« que l'on représente sur nos théâtres et les pièces
« où l'on voit les héros des temps anciens, ceux qui
« vivaient avant que nous eussions subi le joug des
« Tartares ; les personnages qui environnaient Tièn-
« tè avaient coupé leur queue, laissé croître leur
« chevelure, et, au lieu du *chang* boutonné sur le
« côté, ils portaient des tuniques ouvertes sur le
« devant. Aucun des officiers n'avait au pouce de la
« main droite le *pan-tche*, cette bague du tireur
« d'arc, que nos mandarins portent avec tant d'os-
« tentation. L'empereur était dans un magnifique
« palanquin, entouré de rideaux de satin jaune et
« porté par seize officiers. Après le palanquin de
« Tièn-tè venait celui de son précepteur, placé sur
« les épaules de huit coulis ; puis venaient ses trente
« femmes dans des chaises peintes et dorées. Une
« multitude de serviteurs et de soldats suivaient en
« bel ordre. »

Telle est l'attitude et la manière d'être des deux

jeunes hommes qui se disputent aujourd'hui le trône de Chine. Si nous poursuivons ce parallèle, nous voyons que l'un manque de qualités indispensables dans sa position, tandis que l'autre possède toutes celles qui conviennent à un prétendant. Hièn-foung, investi de la suprême autorité, appelé à diriger une machine gouvernementale dont les ressorts sont fatigués, mais non usés, ne sait pas restaurer des rouages altérés par le temps. Son défaut capital est de manquer de ce sens exquis, de ce tact qui fait qu'un prince donne avec mesure à chacun ce qui lui revient de blâme ou d'éloge. Il n'est pas doué d'un très-heureux jugement, et, au milieu de cette multitude de valets, d'eunuques, de concubines et de serviteurs dévoués qui l'entoure, il ne sait pas distinguer les conseillers fidèles dont l'existence est liée au sort de sa dynastie, des aventuriers que l'on trouve aux abords de tous les palais, et qui, ayant leur fortune à faire, ne donnent jamais que des avis intéressés. Violent et faible tout à la fois, le jeune empereur se livre sans réserve à ses favoris du moment et croit aveuglément les fonctionnaires en faveur. Les manifestations de son autorité sont toujours l'exagération d'une insinuation perfide ou honnête, et même, dans ce dernier cas, sa détermination la plus utile devient une faute politique lorsqu'elle a été élaborée par ce cerveau disposé à la violence et aux déterminations brutales.

Tièn-tè, au contraire, a organisé son système politique en juxtaposant les intérêts pour s'assurer des agents dévoués. Affable pour tous, il n'a qu'un seul conseiller intime. Est-ce son père, son maître, ou seulement son ami? Nul ne le sait; mais ce conseiller mystérieux l'accompagne partout. La violence est étrangère au caractère du prétendant : il parle de tout avec modération, et c'est avec la plus grande réserve qu'il s'exprime sur le compte de celui en face duquel il se pose comme un rival. Entouré d'officiers solidaires de sa fortune, il est mieux servi que l'empereur lui-même, et il a su discipliner immédiatement l'état-major de son gouvernement. Pendant que ses généraux vont en avant, conquérant des villes et gagnant du terrain, il se tient à l'écart, surveillant l'attitude des populations et organisant son système politique. Mais il est toujours à une distance telle du théâtre de la guerre, que ses ennemis ne peuvent soupçonner son courage, et que ses amis n'ont pas le droit de blâmer sa témérité.

CHAPITRE IV.

LE KOUANG-SI. — LES MIAO-TZE. — LES INSURGÉS PENDANT L'ANNÉE 1850.

C'est dans le Kouang-Si que l'insurrection a pris

naissance. Cette province, plus vaste que les États de plus d'un souverain de notre vieille Europe, est administrée par un gouverneur général et fait partie de la vice-royauté des deux Kouang. Elle est située au sud-ouest de l'empire, et confine à l'ouest avec le Kouang-Toung, à l'est avec le Yun-Nan, au sud avec le Tonkin, et au nord avec le Hou-Nan. C'est un pays de montagnes, hérissé de crêtes décharnées, privées à leur sommet et dans leurs parties déclives de toute espèce de végétation. Les nombreuses collines aux formes arrondies qui s'élèvent au-dessus de ces pics gigantesques, sont couvertes d'arbrisseaux et de plantes ligneuses. Ces montagnes du Kouang-Si sont une des curiosités du Céleste empire, et tous les guides des voyageurs en Chine font de singulières descriptions de ces accidents de terrain que, depuis les pères jésuites, aucun étranger n'a pu explorer librement.

Selon les voyageurs indigènes, ces masses affectent la forme de divers animaux, et représentent, à ne pouvoir s'y méprendre, un coq, un éléphant, et on trouve des rochers dans lesquels sont incrustés des animaux fantastiques pétrifiés dans les attitudes les plus singulières. Nous avons examiné avec soin les dessins représentant ces figures, qui rappellent les espèces ressuscitées par Cuvier, et nous nous sommes convaincus que c'étaient simplement des taches rouges, produites par un oxyde de fer, et tranchant nettement sur le fond noir de la pierre.

L'aspect général du Kouang-Si est singulièrement pittoresque, et cette vaste contrée offre des points de vue que les artistes chinois ont reproduits souvent. Mais ces recueils de paysages ont pour nos yeux européens un caractère étrange. Ces montagnes inaccessibles, qui semblent taillées selon les caprices de l'imagination humaine, ces roches représentant des animaux géants, ces rivières qui se précipitent dans des gouffres par-dessus lesquels sont jetés des ponts impossibles, nous paraissent appartenir au pays des fées.

Toutefois ce pays charmant est extrêmement pauvre ; ses beautés pittoresques nuisent à sa fécondité. Si le Créateur eût étendu quelques vastes plaines au pied de ces monts aux crêtes décharnées, on aurait pu utiliser les nombreux cours d'eau qui se précipitent des hauteurs ; mais le sol tourmenté ne se prête qu'à certaines cultures et ne produit que quelques denrées de luxe. Ce sont les plaines unies du Kouang-Toung qui utilisent en partie ces eaux bienfaisantes. Lorsqu'on étudie la carte du Kouang-Si, en rattachant cette étude à la guerre actuelle, on est forcé de convenir que le chef de l'insurrection a fait preuve d'une grande intelligence en choisissant pour point de départ ce pays montagneux et peu fertile. La misère même des habitants était un puissant auxiliaire, et une armée d'aventuriers pouvait se recruter facilement parmi ces populations, qui vivent dans une sorte d'indigence. D'ailleurs les accidents de terrain dont le pays est coupé en favorisent la défense. Il faudrait au Fils du ciel une armée vingt fois plus nombreuse et des moyens d'attaque cent fois plus efficaces que ceux dont il dispose pour débusquer les rebelles de ces retranchements naturels.

En cas de défaite, les insurgés du Kouang-Si pourraient renouveler l'histoire de cette lutte désespérée que les guérillas de l'héroïque Espagne soutinrent jadis contre les troupes françaises. Il y a, du reste, plus d'un trait de ressemblance entre les habitants de la péninsule ibérique et ceux de cette province méridionale de l'empire chinois : les uns et les autres sont sobres, intrépides, durs à la fatigue et animés du même esprit d'indépendance. Après des siècles d'occupation, les Tartares n'avaient pas soumis encore les districts les plus reculés de ces montagnes.

Une circonstance qui tient à la nature du sol et aux habitudes agricoles prêtait également aux projets du prétendant. Les produits du Kouang-Si consistent surtout en cannelle blanche et en badiane, et les cultivateurs ne sont absorbés par les soins que ces arbres exigent que durant une partie de l'année. C'est sur le versant des coteaux que croissent ces deux magnifiques espèces végétales aux feuilles persistantes. La capitale de la province est en quelque sorte cachée à l'ombre de ces beaux arbres ; de là son nom de Kouéï-Lin, c'est-à-dire forêt de cannelliers. Le *Laurus cinnamomum* et l'*Ilicium anisatum* forment la principale richesse du Kouang-Si. Le commerce tire de cette province, non-seulement l'écorce de cannelle blanche et les étoiles brunes de l'anis, mais encore les huiles essentielles, obtenues par distillation, de l'écorce du laurier-cannelle et des siliques de l'*Ilicium*. L'huile d'anis vert se présente à l'état concret; un employé des douanes, conondant les deux espces, a prétendu, dans un document officiel sur le commerce en Chine, que l'on retirait du Kouang-Si le *sucre* de badiane !

Il suffit de jeter les yeux sur les dessins des artistes chinois pour deviner que cette terre du Kouang-Si abonde en gisements métallurgiques. Ce fait naturel a été l'occasion d'une espèce de miracle qui a vivement frappé l'imagination du vulgaire. Voici ce qu'on raconte :

Au début de l'insurrection, les chefs voulurent marquer la date de leur entreprise par l'érection d'un monument religieux. Les ouvriers se mirent à l'œuvre; ils creusèrent dans des rochers en décomposition qui se laissèrent facilement entamer par la pioche, et à peine eurent-ils atteint la profondeur de quelques pieds, qu'ils rencontrèrent des galets en tout semblables aux cailloux roulés de nos rivières. Ces galets, examinés avec soin, furent trouvés très-lourds. En effet, c'étaient des espèces de pépites métalliques de plomb argentifère d'une richesse inouïe. Ce fut, dit-on, au moyen de cette banque providentielle que le prétendant paya ses premiers soldats.

Quoi qu'il en soit de l'authenticité de cette histoire, elle mérite d'être recueillie par les légendaires, dont les écrits amuseront un jour les loisirs des mandarins. En terminant cette anecdote merveilleuse, nous ne pouvons nous empêcher de remarquer qu'aujourd'hui d'étranges coïncidences semblent mettre l'observation et la science au service des esprits portés à la croyance des phénomènes surnaturels. Comme pour confirmer le miracle métallurgique arrivé en Chine, on a découvert récemment en Norwége des gisements argentifères parfaitement semblables à celui du Kouang-Si.

Ce fut au mois d'août 1850 que les journaux de Pékin parlèrent pour la première fois de l'insurrection chinoise. Selon la gazette officielle, cette troupe ne se composait que de pirates échappés à la mitraille des Anglais sur les côtes du Fo-Kièn, lesquels s'étaient réfugiés dans ces montagnes. Il faut avouer que des voleurs auraient singulièrement choisi leur terrain en venant s'établir dans une des contrées les plus pauvres de l'empire, loin des villes populeuses et de toutes les grandes voies de communication. Mais il faut convenir aussi que ce qui était un théâtre détestable pour les exploits des héros de grand chemin était un admirable centre d'action pour organiser une armée de partisans.

Les insurgés ne s'empressèrent pas d'abord de

démentir ces bruits ; ils les laissèrent même s'accréditer, et s'établirent dans le sud-ouest de la province, au milieu d'une population disséminée dans les montagnes, continuant à recruter leur armée, et attendant patiemment que l'on envoyât contre eux les *tigres* du Céleste empire. Nous devons remarquer ici que les parties les plus reculées du Kouang-Si sont peuplées par une race d'hommes connus sous le nom de Miao-tze. Il nous serait difficile de donner au lecteur une idée de ces tribus insoumises, si nous ne trouvions dans le journal de l'un d'entre nous les détails d'une conversation sur ce sujet.

Cette conversation eut lieu, pendant notre séjour en Chine, chez Houang-ngan-toung, commissaire impérial adjoint, lequel nous avait invité à dîner en compagnie de MM. de Ferrière et d'Harcourt. Le jeune et élégant ministre du Céleste empire occupait à Canton la pagode de Foung-lièn-miao *du pic des nénuphars*, et c'était dans le chœur même du temple bouddhique qu'il nous reçut et que le dîner fut servi.

Durant le repas, la conversation tomba sur les Miao-tze, et voici les détails que nous donna ce personnage officiel :

« Les Miao-tze sont les aborigènes d'une chaîne de montagnes qui prend son point de départ dans le nord du Kouang-Toung et s'étend dans les provinces centrales de l'empire. Ils recherchent surtout les localités éloignées de tout voisinage. Les peuplades les plus nombreuses ne dépassent pas deux mille individus. Les maisons sont établies sur des pieux, à la manière de celles des Malais, et ils abritent sous leur toit les animaux domestiques qu'ils élèvent. En général, les Miao-tze sont cultivateurs et guerriers. C'est une race intrépide, endurcie à la fatigue, qu'aucun danger n'arrête. Les Tartares n'ont jamais pu la soumettre. Les individus de cette nation ont conservé l'ancien vêtement national : ils n'ont jamais rasé leur tête ; ils ont toujours repoussé l'autorité des mandarins et les coutumes chinoises. Leur indépendance est aujourd'hui un fait acquis, et sur nos cartes leur pays est laissé en blanc, comme pour exprimer qu'il n'obéit pas à l'empereur.

« La dernière tentative que l'on fit pour les soumettre eut lieu sous le règne de Kièn-loung ; mais, malgré les bulletins que l'on publia pour relater les nombreuses victoires remportées par les troupes impériales, il fallut renoncer à soumettre les hommes des montagnes. Depuis lors la paix n'avait pas été troublée ; mais en 1832 l'esprit guerrier se réveilla en eux.

« Ils décorèrent un des leurs du titre d'empereur, le revêtirent d'une robe jaune, symbole de la suprême autorité, et firent irruption dans les bas pays, qu'ils saccagèrent entièrement. Leur invasion nous causa de grands soucis ; nos troupes furent battues par ces bandes sauvages. Les Miao-tze étaient trop aguerris pour être vaincus par les armes ; mais on en vint à bout par voie de négociation. L'empereur envoya des diplomates habiles, qui traitèrent avec les chefs et leur persuadèrent, moyennant certains avantages, de licencier leurs hommes et de rentrer paisiblement chez eux.

« — Ces populations ne descendent-elles jamais dans les plaines? demanda l'un d'entre nous ; n'ont-elles pas fini par établir quelques relations avec les Chinois?

« — Les Miao-tze ne se hasardent guère à venir dans les villes, répondit Houang; ils ne font pas grand commerce non plus avec nous. Leur industrie est très-bornée ; ils cultivent le riz des montagnes et exploitent les forêts que leur indépendance protége contre les défrichements des travailleurs chinois. Ils vendent à des négociants qui vont les trouver dans leurs villages les bois abattus, que l'on amène dans le bas pays, en le faisant flotter sur les nombreux cours d'eau qui coulent vers la mer. Leurs rapports avec les voisins se bornent à l'échange d'une partie de leur récolte contre les objets manufacturés dont ils ont besoin. Du reste, cette nation inspire aux Chinois des villes une terreur très-grande.

« Les Chinois appellent les Miao-tze hommes-chiens, hommes-loups. Ils croient qu'ils ont une queue, et ils racontent que, lorsque un enfant est né, on lui cautérise la plante des pieds pour la durcir et les rendre infatigables. Ce sont des contes faits à plaisir : en réalité les Miao-tze sont une race très-belle et très-intelligente, et leurs mœurs tendent, je crois, à s'adoucir. J'ai par devers moi un fait qui prouve qu'ils ne sont point absolument grossiers et sans instruction aucune : dans les derniers examens littéraires que j'ai présidés, il s'est présenté trois jeunes Miao-tze pour prendre leurs grades, ce qui ne s'était jamais vu. »

Cette conversation jette un très-grand jour sur les menées politiques et la perspicacité des chefs de l'insurrection du Kouang-Si. En venant se concentrer sur ce point, ils songèrent, sans doute, à se ménager le concours de ces populations intrépides, se gardant toutefois de proclamer cette alliance, dans la crainte d'effrayer les habitants des villes, qui s'obstinent à considérer les Miao-tze comme des barbares.

D'après les documents que nous avons sous les yeux, on voit que les insurgés passèrent les premiers mois de l'année 1850 dans le sud-ouest du Kouang-Si, exécutant des mouvements stratégiques insignifiants, et se rapprochant des frontières du Kouang-Toung. Les premières villes qui tombèrent en leur pouvoir furent la ville de Ho, l'une des plus commerçantes de la province, et le chef-lieu du district de Kiang-Men, où trois mandarins de haut grade périrent en les combattant. Cependant ces manœuvres inspirèrent de grandes inquiétudes au gouverneur général des deux Kouang. Le titulaire de cette vice-royauté, appelé Siu, était un homme irrésolu et prudent jusqu'à la pusillanimité. En apprenant que les rebelles venaient de son côté, il s'empressa de solliciter l'honneur d'aller s'incliner devant le tombeau de l'empereur défunt, espérant échapper ainsi à la responsabilité qui pesait sur lui. Mais cette permission lui fut refusée. Alors le vice-roi, craignant qu'on ne l'accusât d'avoir laissé s'aggraver le mal, envoya des troupes pour réduire les rebelles; mais les soldats de l'empereur furent vaincus et exterminés.

La tactique des insurgés consistait à simuler une fuite, et à entraîner leurs ennemis dans des embuscades où ils étaient impitoyablement massacrés. La même feinte leur réussit plusieurs fois de suite. Siu, en apprenant ces désastres, partit sans délai pour Pékin, où il alla porter l'alarme. Pendant qu'il marchait vers la capitale, les insurgés obtinrent de nouveaux succès, et les journaux chinois donnèrent le bulletin journalier des avantages remportés par ces guérillas. Deux chefs des rebelles, Tchang-kia-soung et Tchang-kia-fou, firent merveille en deux rencontres différentes, et les soldats du Fils du ciel restèrent presque tous sur le champ de bataille.

Jusque-là, il n'est pas question d'un prétendant au trône. Ce sont tout simplement des généraux improvisés qui ne dissimulent pas leurs intentions de renverser la dynastie régnante, mais qui ne nomment point le souverain qu'ils veulent introniser.

Cependant, enhardis par le succès, les insurgés franchirent les limites du Kouang-Si et pénétrèrent dans le Kouang-Toung. Entre Tsing-Yuen et Ing-Tè, ils rencontrèrent un détachement des troupes impériales. Alors, selon leur tactique ordinaire, ils exécutèrent un mouvement de retraite, et, se retournant presque aussitôt contre les impériaux qui s'étaient mis triomphants à leur poursuite, ils les massacrèrent jusqu'au dernier.

En ce moment, deux actes politiques d'une grande portée s'accomplissaient presque simultanément à la cour de Pékin et dans le camp des insurgés. Le jeune empereur, fidèle à la politique rétrograde, mande le vieux Lin, qui vivait retiré dans une ravissante habitation des environs de Fou-Tcheou, et lui ordonne d'aller réduire les rebelles du Kouang-Si. Nos lecteurs reconnaissent sans doute ce mandarin austère, ce barbare intègre qui fit détruire pour cinquante millions d'opium et fut cause de la guerre entre la Chine et l'Angleterre. Malgré son grand âge, le vieux serviteur obéit aux ordres de son jeune maître, et partit incontinent pour la province qu'il était chargé de réduire.

Les insurgés répondirent à l'envoi du commissaire par la proclamation suivante, dans laquelle les Chinois paraissent beaucoup moins Chinois qu'on ne le suppose généralement, et qui renferme toute la logique que Dieu a mise à la disposition des intelligences révolutionnaires.

« Les Mantchoux, qui depuis deux siècles occupent héréditairement le trône de Chine, sont originaires d'une petite peuplade étrangère : à l'aide d'une armée aguerrie, ils se sont emparés de nos trésors, de nos terres et du gouvernement de notre pays ; ce qui prouve que, pour usurper l'empire, il s'agit seulement d'être le plus fort. Il n'y a donc pas de différence entre nous qui mettons à contribution les villages dont nous nous emparons et les fonctionnaires envoyés de Pékin qui prélèvent l'impôt. Ce qui est bon à prendre est bon à garder. Pourquoi donc envoie-t-on, sans aucun motif, des troupes contre nous ? Cela nous paraît fort injuste. Comment ! les Mantchoux, qui sont étrangers, ont le droit de prélever les revenus des dix-huit provinces et de nommer des officiers qui oppriment le peuple, et à nous, Chinois, il nous serait interdit de prélever quelque argent sur la fortune publique ! La souveraineté universelle n'appartient à aucun individu à l'exclusion de tous les autres, et l'on n'a jamais vu une dynastie compter une lignée de cent générations d'empereurs. Le droit de gouverner, c'est la possession... »

Cette proclamation est le premier acte politique des rebelles. Jusque-là, l'idée au nom de laquelle ils combattaient ne s'était propagée que par les sourdes rumeurs qui, lorsque l'heure d'une révolution va sonner, circulent parmi les masses comme si elles avaient le pressentiment du fait prêt à s'accomplir.

Dès le début de l'insurrection, la presse anglo-chinoise se divise en deux camps : les uns considérant tout simplement les insurgés comme des pillards prêts à déposer les armes dès qu'ils auront rempli leurs poches ou simplement leurs mains ; les autres, au contraire, feignant de considérer l'armée des rebelles comme une troupe fanatisée par des chefs habiles et décidée à verser tout son sang pour renverser la dynastie régnante. La vérité n'était dans aucune de ces opinions exclusives.

En Chine, pas plus qu'en Europe, les révolutionnaires ne peuvent vivre d'eau claire et de maximes patriotiques, et, d'un autre côté, il faut le dire à l'honneur de l'humanité, les causes les plus détestables ont besoin, pour remuer les masses, de faire appel aux sentiments élevés, aux idées généreuses, dont chaque individu de ces obscures phalanges est en particulier médiocrement touché. La proclamation des insurgés du Kouang-Si donna à l'insurrection sa signification véritable. En proclamant hautement que pour eux la légitimité était dans la possession, ils avouaient qu'il ne s'agissait pas seulement de chasser les Mantchoux, mais surtout de faire passer entre les mains des Chinois le maniement des revenus publics. Or, cette dernière considération n'est pas un argument sans valeur aux yeux des politiques du Céleste empire.

Ceci fut le dernier acte des insurgés en 1850 ; il coïncida avec la mort de Lin, qui arriva au mois de novembre. Le vieux mandarin mourut en se rendant à son poste, à Tchao-Tcheou-Fou, province du Kouang-Toung. Il avait plus de soixante-neuf ans, et succomba sous le poids des fatigues et des soucis du commandement. Cette mort préoccupa tristement les esprits et parut d'un funeste augure pour la cause que le courageux vieillard a soutenue jusqu'à sa dernière heure.

CHAPITRE V.

PROTESTATIONS. — RÉUNIONS OCCULTES. — PROCLAMATION DU PRÉTENDANT.

L'année chinoise commence au mois de février; cette époque est dans tout l'empire un moment de crise commerciale et financière, un temps d'échéance générale pendant lequel chacun liquide complétement ses affaires : on paye ses créanciers, on talonne ses débiteurs; il n'est si petit négociant qui n'encaisse son avoir et ne sache à quoi s'en tenir sur les résultats financiers de la période annuelle qui vient de finir. Or, dès le mois de janvier, le bruit se répandit à Canton que l'insurrection du Kouang-Si était comprimée, et que les *tigres* du Céleste empire venaient d'ajouter de nouveaux lauriers à ceux déjà conquis au *noble champ de la victoire*, comme disait la romance. Sous l'influence de ces nouvelles, les liquidations se firent aisément, les transactions reprirent leur cours normal, et le commerce rassuré se livra à de grandes spéculations. Mais cette sécurité ne fut pas de longue durée : on apprit bientôt que ces bruits de pacification, quoique émanant d'une source officielle, étaient entièrement controuvés : c'étaient les rusés mandarins du Kouang-Toung qui, dans un intérêt commercial, avaient fabriqué les bulletins de la grande armée chinoise. Lorsque la vérité se fit jour enfin, on eut la certitude que l'insurrection, loin d'être vaincue, avait fait des progrès menaçants. Un seul des journaux anglo-chinois avait affecté jusqu'alors d'accorder une médiocre importance aux troubles du Kouang-Si. Mais, en présence des faits récents, il s'écria avec un élan dithyrambique : « Il se peut que cette révolte soit le commencement d'une révolution qui renversera les Mantchoux ; mais nous disons avec Mazarin : Attendons ! » C'était faire venir Mazarin d'un peu loin pour se dispenser d'avouer qu'on avait complétement méconnu le caractère et l'importance des événements.

En même temps que la presse européenne, placée en quelque sorte sur le théâtre de l'insurrection, en arrivait à considérer comme possible le renversement de la dynastie tartare, les insurgés faisaient une manifestation qui équivalait à une déclaration de guerre à mort. On sait que la coutume de se raser la tête en laissant croître seulement sur le sinciput un prolongement caudal est une mode tartare que les vainqueurs imposèrent aux vaincus. Ce fut ainsi qu'ils marquèrent leurs nouveaux sujets. Les insurgés, afin de manifester qu'ils avaient secoué le joug étranger, coupèrent leur queue, laissèrent croître leur chevelure, et décidèrent que tous les adhérents au mouvement insurrectionnel quitteraient le *chang* et la tunique tartare pour prendre la robe ouverte sur le devant que leurs aïeux portaient du temps des Ming. Les plus simples événements ont parfois des conséquences incalculables: quel malheur si les faiseurs de ballets étaient forcés de supprimer cette queue joviale qui fait si bien lorsqu'on met des Chinois en scène! La chose est grave du reste : ce simple fait de donner un coup de ciseaux dans sa chevelure constitue, en Chine, un acte de haute trahison; il faut avoir un grand courage pour se faire tondre; car couper sa queue, c'est comme si on tirait l'épée en jetant le fourreau. Cet acte de vigueur émut fort la cour de Pékin. Il fallait à tout prix rassurer les populations et ranimer le courage des troupes; pour atteindre ce but, on imagina une ruse hardie : on supposa que les rebelles avaient fait leur soumission entre les mains des commissaires impériaux, et un jour, la *Gazette impériale* publia la pièce suivante, qui montre évidemment que, pour être officiel, le *Moniteur du Céleste empire* n'en est pas plus véridique :

« Nous, plébéiens, sommes nés dans des temps d'abondance, et avons été autrefois des sujets fidèles; nos familles sont estimées dans nos villages, nous avons pratiqué la vertu et respecté la propriété. Mais, par suite d'une longue série de saisons pluvieuses, les fermiers ne purent sauver leurs récoltes, et le peuple, n'ayant plus ni travail ni ressources, fut obligé de s'associer aux bandits. Nous étions venus dans le Kouang-Si à la recherche d'un lieu de séjour, lorsque nous rencontrâmes des compatriotes qui, se trouvant comme nous dans la misère, formèrent avec nous une bande de voleurs. Si cependant nous avons suivi l'exemple du trop fameux *Lou-moung*, ne pourrons-nous pas, comme lui, réformer notre conduite? Lorsque nous pensons à notre foyer et à nos parents, le désir de les revoir nous presse; mais, poussés au large d'une mer orageuse par un vent irrésistible, comment gagner le rivage désiré? Toutefois, nous avons confiance que vos seigneuries auront pitié de nous, et qu'elles obtiendront de Sa Majesté Impériale l'oubli de tout le passé. Si l'arbre desséché et inutile reçoit la même rosée que la fleur la plus suave, comment l'homme doué d'une grande bonté ne rendrait-il pas à la vie ceux qui implorent sa commisération! Nous sommes dans le cœur des sujets fidèles, et nous rentrerons avec bonheur dans le chemin du devoir. Désormais nous servirons jusqu'à la fin de nos jours dans les conditions les plus humbles qu'il vous plaira, nous soumettant volontiers aux lanières et au bambou si nous commettons quelque faute. Voilà nos plus sincères désirs que nous vous faisons connaître, la face prosternée contre terre. Si cette démarche vous offense, nous attendrons en tremblant votre sentence. »

Cependant, malgré cet acte de contrition, le gouvernement de Pékin, qui savait à quoi s'en tenir sur l'authenticité de cette pièce, nomma, peu de temps après la mort de Lin, un nouveau commissaire impérial dans le Kouang-Si. Ce fonctionnaire, nommé Li-sing-iuèn, était précédemment gouverneur des deux Kouang. Il reçut l'ordre de se saisir du gouverneur de la province insurgée et de l'envoyer, enchaîné, à Pékin. Mais Li-sing-iuèn fit un rapport à l'empereur dans lequel il établit que c'était sur Siu, vice-roi des deux Kouang, que devait retomber toute la responsabilité des événements, et il l'accusa nettement d'avoir favorisé le développement de l'insurrection en envoyant trop tard des troupes contre les rebelles.

Dans le même temps que le commissaire impérial formulait cette accusation, Siu écrivait à son jeune maître que la révolte du Kouang-Si avait été déterminée par l'incapacité du vieux gouverneur de la province, lequel, par sa faiblesse, sa sévérité déraisonnable, son inintelligence, sa présomption et son amour de la popularité, avait excité ces désordres. Le jeune empereur, qui, entre ces rapports contradictoires, ne savait trop qui disait la vérité, prit un terme moyen. Il dégrada le gouverneur du Kouang-Si, et fit descendre Siu de quatre degrés de dignités honorifiques. C'est absolument comme si le gouvernement français, mécontent d'un fonctionnaire grand-croix de la Légion d'honneur, le faisait descendre au grade de chevalier. Néanmoins Siu fut maintenu dans les fonctions de gouverneur des deux Kouang. Nous retrouverons encore bien souvent, dans ce récit, cet estimable vice-roi, qui, à l'exemple de beaucoup de mandarins lettrés d'un pays que chacun peut connaître, est doué de toutes les vertus, mais qui ne brille point assurément par le courage civil et bien moins encore par le courage militaire.

Le fait suivant, que l'on racontait à Canton, explique la sympathie des populations pour la cause des insurgés.

En mars 1851, la petite ville de Lo-Ngan fut prise par les insurgés, après une vive résistance. Les vainqueurs frappèrent la cité d'une contribution, de plus ils s'emparèrent du fermier d'un mont-de-piété, et fixèrent sa rançon à mille taels (à peu près 8,000 francs). Le malheureux négociant paya et fut rendu à la liberté. Mais le lendemain les troupes impériales, ayant débusqué les rebelles, rentrèrent dans la ville, et frappèrent les habitants d'une nouvelle contribution : le malheureux fermier du mont-de-piété fut taxé, cette fois, à trois mille taels!

Cet homme, qui était très-influent dans la localité, indigné d'être dépouillé par ceux qui auraient dû le protéger, ameuta le peuple sur les places publiques. Divers orateurs prirent la parole, et la foule, entraînée par leurs discours, jura, par ses ancêtres, que désormais le règne des Tartares était fini. Les habitants quittèrent le *chang*, et immédiatement tous se coupèrent la queue : après quoi ils firent un appel aux insurgés. Ceux-ci arrivèrent au milieu de la nuit, et les troupes impériales, surprises pendant leur sommeil, furent massacrées.

Dès le mois de mars 1851, les actes de la cour de Pékin se succèdent avec une très-grande vigueur, tandis que les insurgés restent dans l'inaction, ou n'agissent que mollement, ne tentant une expédition qu'avec la certitude de vaincre. Cependant les bruits les plus contradictoires circulent sur le théâtre même de la guerre et dans le reste de l'empire. Les mandarins publient que l'on a enlevé aux rebelles l'étendard miraculeux qui leur donnait la victoire. Cette bannière ensorcelée, dont nous avons déjà parlé, a été, suivant l'opinion généralement répandue, conservée par un Tao-se, lequel y a attaché des dons magiques. Elle est, dit-on, couverte de taches de sang, et porte une légende historique.

En jugeant les choses d'après les habitudes de ce peuple, il paraît probable que les troupes impériales se vanteront souvent d'avoir repris ce *labarum*, et que les insurgés, de leur côté, ne le perdront jamais. D'autre part, on colporte la nouvelle que les insurgés sont entrés dans le Kouang-Toung, que Sin-Tcheou-Fou est en leur pouvoir, et qu'ils se sont même emparés de la capitale du sud-est, c'est-à-dire de la ville de Kouéï-Lin.

Cependant Li, le commissaire impérial envoyé dans le Kouang-Si, est établi à Kouéï-Lin, dont l'insurrection ne s'est point emparée, et il a pris pour lieutenant le terrible Tchang-tièn-tsio. Pendant notre séjour en Chine, ce farouche mandarin gouvernait le Hou-Nan, où l'usage de l'opium se propageait d'une manière effrayante. Afin d'arrêter les progrès de cette funeste habitude, il ordonna que les fumeurs d'opium, bien et dûment convaincus du fait, auraient la lèvre inférieure coupée. Nous avons vu de nos yeux plusieurs de ces malheureux mutilés : leur aspect est horrible. L'opération, faite par d'inhabiles bourreaux, avait laissé des traces hideuses. Les chairs étaient comme déchiquetées, et la cicatrice ressemblait bien plus à une plaie béante qu'à une de ces cicatrices élégantes que produisent avec tant d'art et de bonheur les bistouris parisiens.

On comprend quelle signification avait la nomination de ce terrible homme au poste de lieutenant-gouverneur ! Cependant il paraît que la terreur que son nom inspire n'a pas produit plus d'effet sur les insurgés du Kouang-Si que sur les fumeurs d'opium du Hou-Nan !... La même politique appliqua ses mesures de rigueur à la population turbulente de Canton. Les autorités des deux Kouang, c'est-à-dire le gouverneur général et les juges criminels, firent mettre à mort, en un seul jour, trente-six individus accusés de menées contre la sûreté de l'État. Ces malheureux étaient-ils réellement des condamnés politiques? Le fait nous paraît douteux. En Chine on fait, en quelque sorte, de la justice prophylactique. Selon les besoins de la situation, on travestit en accusés politiques, et l'on met à mort comme tels, des individus condamnés pour d'autres méfaits, laissant croire au peuple, auquel ces exécutions inspirent une salutaire terreur, qu'ils sont punis pour crime de rébellion et de lèse-majesté.

Du reste, ces tristes victimes étaient peut-être des membres des sociétés secrètes, qui sont fort nombreuses en Chine, et qui s'irradient non-seulement dans l'intérieur de l'empire, mais encore dans les localités indiennes où les Chinois émigrent. A Singapore, à Pinang, à Batavia, à Manille, nous avons connu de nombreux adeptes des sociétés secrètes de l'Empire du milieu, espèce de franc-maçonnerie dont le but avéré est de détrôner les Mantchoux.

En 1845, nous avons vécu plusieurs jours de suite en compagnie d'un marchand du Chan-Toung, qui introduit clandestinement des armes dans l'Empire du milieu. Il nous conduisit dans une maison qu'il occupait, dans les parties ouest du faubourg, c'est-dire dans les quartiers les plus sales et les moins bien habités de la ville ouverte. Les propriétaires étaient des adeptes de l'association. Nous fûmes reçus par une femme jeune, au grand pied, coiffée comme toutes les femmes chinoises, avec des aiguilles d'argent et des fleurs dans les cheveux, et vêtue d'un pantalon et d'une tunique bleu foncé; nous montâmes dans une espèce de mansarde. Dans ce pays, les mansardes sont au premier étage. Le négociant nous avait conduit chez lui pour nous faire apprécier des armes que des Américains lui avaient vendues. C'étaient d'énormes bancals avec le fourreau en acier. Ces lattes pesantes étaient grossièrement forgées; mais elles étaient, du reste, à fort bon marché : on les lui livrait en Chine au prix de dix francs, c'est-à-dire au-dessous du prix de revient. Lorsque nous entrâmes, le Chinois tira du fourreau une de ces larges lames, et se mit à faire de grandes exclamations en gesticulant à la manière des héros chinois qui sont peints sur les éventails.

Après lui avoir donné notre avis sur la valeur et la qualité de sa marchandise, nous lui demandâmes si c'était pour l'équipement des tigres invincibles qu'il achetait ces armes. A ces mots, le Chinois sourit d'une manière significative, et nous montra, par un geste expressif, l'usage qu'on en devait faire vis-à-vis des troupes impériales. Qui sait? En ce moment peut-être ces lames gigantesques sont-elles aux mains des rebelles; peut-être leur acier effilé a-t-il décousu plus d'un chang bleu et emporté la doublure de plus d'un chapeau conique!

La nomination du terrible Tchang-tièn-tsio, les exécutions de Canton et le bruit des triomphes de l'armée impériale, répandus avec persévérance, n'arrêtent pas les rebelles. A ces actes violents, à ces jactances du souverain tartare, ils répondent par la proclamation de leur empereur, qu'ils appellent Tièn-tè, c'est-à-dire *vertu céleste!*

Jusque-là les insurgés avaient seulement témoigné l'intention de renverser les Tartares; mais, dès ce moment, ils placent un compétiteur en face du trône; ils rendent les honneurs suprêmes à un Chinois, et le revêtent, crime horrible! de la robe impériale jaune-serin. Aussitôt le nom de Tièn-tè retentit dans tout l'empire, et, contrairement aux usages tartares, qui interdisent aux sujets de reproduire les traits du souverain, on répand par milliers dans les provinces l'image du prétendant. C'est grâce à cette circonstance que nous pouvons donner à nos lecteurs le portrait de Tièn-tè.

Nous pensons qu'en faisant circuler cette effigie les chefs des rebelles ont eu surtout en vue de donner au peuple une idée de la coiffure et du costume renouvelés du temps des Ming.

On peut apprécier maintenant les faits de cette première période, et la politique habile, ferme et surtout patiente des chefs de l'insurrection : durant une année entière, Tièn-tè reste dans l'ombre, et ses partisans se bornent à répandre le bruit qu'il existe un descendant des Ming. Aujourd'hui ils le proclament enfin, mais ils ne le montrent point aux populations : le nouvel empereur rentre dans une sorte d'obscurité mystérieuse, et ne se montre plus qu'à de rares intervalles à ses partisans fanatisés.

CHAPITRE VI.

LA RÉVOLTE DANS LE KOUANG-TOUNG. — LE VICE-ROI DANS LE KOUANG-SI.

La rébellion prenait décidément le caractère d'une guerre civile. La cour de Pékin était dans la consternation, et le jeune empereur résolut d'envoyer sur le théâtre des événements des hommes qu'il connaissait personnellement, et dont l'énergie, l'inébranlable fidélité, avaient été éprouvées en d'autres circonstances.

En mai 1851, il envoya à Koueï-Lin, la ville capitale du Kouang-Si, le premier ministre Saï-chang-ha, assisté de deux autres Mantchoux, Tè-hing et Ta-toung-ha. Le premier de ces mandarins était jusque-là fort inconnu ; le second avait acquis une triste célébrité sur les côtes de Formose : il avait présidé au massacre de l'équipage entier d'un navire européen de transport, le *Nerbuddha*.

Dès que ces mesures furent connues à Canton, le commerce prit l'alarme. Les marchands commencèrent à gémir sur la misère des temps ; dans leur langage hyperbolique et figuré, ils comparaient l'insurrection du Kouang-Si au débordement du fleuve Jaune, ce *chagrin de la Chine*, comme l'appellent les poétiques bureaucrates de l'Empire du milieu.

Bientôt une nouvelle mesure vint porter jusqu'à l'exaspération le mécontentement des marchands cantonnais. Le gouvernement prit la liberté de leur emprunter de quoi parer aux frais de la guerre. On leur demanda d'abord cent mille taels, et plus tard une somme de cinq cent mille piastres passa encore de la poche des pacifiques marchands dans le gousset des mandarins plus ou moins militaires. Il est vrai que pour leur argent ils eurent la satisfaction de voir mettre Canton sur un pied de défense très-respectable et d'assister à un grand mouvement de troupes. Plusieurs corps furent dirigés sur le Kouang-Si ; mais, comme les communications avec Kouéï-Lin étaient coupées, les soldats furent obligés, pour aller à leur destination, de faire un long circuit par le Hou-Nan.

C'est vers cette époque qu'un bruit étrange commença à circuler et fut reproduit absolument dans les mêmes termes par les journaux anglo-chinois favorables ou défavorables à l'insurrection. On publia que le prétendant était réellement un rejeton des Ming, mais qu'il était catholique, et que son passage était surtout signalé par le renversement des pagodes et la destruction des idoles. D'autres affirmaient, au contraire, qu'il était sectateur du Chang-ti, c'est-à-dire protestant.

Sans discuter actuellement le rôle que les chrétiens qui habitent la Chine sont destinés à jouer dans la lutte engagée, nous nous bornons à constater que le nom choisi par le prétendant, le nom de Tièn-tè, *vertu céleste*, est purement païen. Certainement ce bruit fut répandu par les agents rusés du parti rétrograde, par les mandarins qui trouvaient le double avantage d'animer les populations bouddhiques contre les insurgés et de rendre les chrétiens de plus en plus odieux au jeune empereur en les représentant comme les ennemis de son trône.

Mais, par une manœuvre moins habile et qui n'eut d'autre effet que de déceler la source de ces nouvelles suspectes, on insinua que les insurgés avaient annoncé l'intention de chasser les Européens des cinq ports lorsqu'ils se seraient emparés de la suprême autorité. Comme on le voit, les mandarins chinois intriguent sous une triple forme. Il est vrai qu'ils croyaient recueillir un triple avantage en excitant encore la haine de l'empereur contre les chrétiens, et en animant tout à la fois contre les rebelles les courageux Européens et les nombreux sectateurs de Bouddha.

Sur ces entrefaites, de nouvelles complications

vinrent augmenter les embarras qui tourmentaient Siu dans sa vice-royauté. L'insurrection déploya sa bannière dans l'ouest du Kouang-Toung, et les rebelles s'emparèrent de Kao-Tcheou-Fou, chef-lieu du département, situé à dix lieues des frontières du Kouang-Si et à une petite distance de la mer. Ce coup de main fit supposer qu'ils voulaient s'assurer un moyen de retraite en cas de revers, ou bien, chose beaucoup plus inquiétante, qu'ils préparaient quelque expédition maritime. En même temps, des troubles ont lieu dans une autre partie du Kouang-Toung; les habitants des districts de Nan-Haï et de Toung-Kouan refusèrent de payer les taxes. L'empereur ordonna de punir les instigateurs de ce mouvement d'opposition, connu en Europe sous le nom de refus de l'impôt; et Siu, fidèle exécuteur des ordres de son maître, envoya un mandarin, avec l'ordre de lui amener les deux principaux coupables. Mais celui-ci revint en affirmant qu'ils étaient morts.

Siu connaissait ce procédé commode, fort souvent employé par les mandarins, afin de soustraire des criminels à l'action de la justice. Pour s'assurer du fait, il demanda qu'on lui apportât les deux cadavres. Lorsque le triste mandarin retourna dans les districts avec cet ordre, et qu'il fit connaître la volonté du vice-roi, la population tout entière se souleva; elle environna avec des cris furieux le malencontreux agent, le jeta à bas de son palanquin, qu'elle mit en pièces, et l'aurait déchiré lui-même s'il n'était parvenu à s'échapper, tandis qu'on dévastait sa maison. En arrivant à Canton, le digne fils du Céleste empire déclara que pour rien au monde il ne voulait retourner auprès de ses administrés.

La justice de Siu trouva un moyen de frapper les districts rebelles : la peine qu'il leur infligea est caractéristique et montre le degré de civilisation de ce peuple étrange. Malgré les embarras du moment, Siu fit publier que les examens littéraires s'ouvriraient, comme de coutume, à la chancellerie universitaire, dans la ville murée de Canton, mais que les candidats des districts de Nan-Haï et de Toung-Kouan en seraient exclus. Il châtia ainsi la contrée rebelle dans la personne des hommes intelligents qui, en tous pays, doivent marcher à la tête des populations; et certainement nul châtiment ne pouvait produire plus d'effet que cette exclusion. Siu, en personne, présida les examens, où plus de trois mille étudiants se présentèrent. Le nombre des candidats aurait été bien plus considérable, sans les circonstances difficiles dans lesquelles on se trouvait.

Nous avons parcouru ces districts de Nan-Haï et de Toung-Kouan, situés au milieu des plaines fécondes que le Tchou-Kiang arrose. Des canaux traversent en tous sens ces terres, qui produisent, sans se reposer, d'abondantes moissons. Ces voies navigables sont continuellement sillonnées par des embarcations dont les grandes voiles en jonc dépassent les champs de riz, semblables à de gigantesques éventails. Nulle part l'industrie humaine n'a produit de plus magnifiques résultats et accumulé plus de richesses agricoles.

On n'a plus aucune nouvelle de l'insurrection durant les mois de juin et de juillet. Les gens qui connaissent la manière de procéder du gouvernement affirment qu'il arrête les lettres du Kouang-Si, afin que les populations ignorent le véritable état des choses. On apprend seulement, d'une manière certaine, que le général tartare Ou-lan-taï est parti de Canton avec une petite armée pour attaquer les rebelles. Ceux-ci, contre leur coutume ordinaire, vinrent au-devant de l'ennemi et lui barrèrent le passage près de Lo-Ou-I. L'action fut très-vive et la victoire resta aux insurgés. Les impériaux laissèrent beaucoup d'hommes sur le champ de bataille, et Ou-lan-taï, dangereusement blessé, dut subir l'amputation d'un bras.

Après ce revers, le gouvernement ordonne de nouvelles mesures et concentre de nouvelles forces pour marcher sur le Kouang-Si. Un ancien marchand haniste, Sam-koua, actuellement préfet de Chang-Haï, partit avec l'ordre d'appliquer aux frais de la guerre le revenu des douanes et de l'impôt du sel dans la province du Kiang-Nan. Siu lui-même, n'ayant plus de prétexte pour différer son départ, se décida enfin à aller opérer sa jonction avec les commissaires impériaux, et partit à la tête de trois mille hommes. Au moment où il allait quitter Canton, l'on afficha à la porte du Nord la proclamation suivante :

« Tchou, prince héréditaire de la dynastie des Ming, ayant reçu ordre du ciel de prendre en pitié le peuple et de punir les crimes de ses gouvernants actuels, publie ceci pour l'information de tous.

« Sa Majesté souveraine Tièn-tè a appris que Siu-kouang-tsin est assez méchant, assez corrompu, pour tromper son souverain, tromper la nation, flatter les étrangers et opprimer le peuple. Sachant que dans ce moment il abuse de son autorité à Canton pour traiter les lettrés avec une cruauté et une dureté tyranniques, toutes choses qui enflamment la colère du ciel, dès le principe, Sa Majesté a résolu de réunir un grand nombre de troupes afin de tirer vengeance de ces crimes; mais, craignant de troubler le peuple, elle s'est bornée à établir les faits, et maintenant elle publie cette proclamation, afin que vous, soldats et peuple, sachiez clairement que si quelqu'un de vous parvient à s'emparer dudit malfaiteur, Siu-kouang-tsin, et l'amène au camp impérial avec des témoins pour prouver son identité, il recevra certainement une récompense de dix mille piastres. L'argent est prêt ; il sera payé immédiatement dès qu'on amènera le brigand. Remarquez bien le nom de ce spoliateur du peuple, il s'appelle Siu-kouang-tsin, et on le trouve en ce moment parmi des misérables comme lui, dans la maison officielle de la rue Maï-Na, dans la ville de Canton.

« Le 25 de la sixième lune de la deuxième année de Tièn-tè. (13 juillet 1850.) »

Le prudent vice-roi entra dans une grande colère lorsqu'il eut connaissance de ce placard; de peur que quelque désespéré ne le prît au sérieux, il le déclara apocryphe, et jura qu'il en tirerait vengeance quand il en connaîtrait l'auteur. Mais la police, même la police d'un vice-roi, ne peut pas tout savoir, surtout lorsqu'il s'agit de ces écrits illicites au bas desquels l'auteur ne met pas son nom. Siu en est encore à chercher le coupable; il soupçonne bien que c'est quelque lettré cantonnais qui lui a joué ce mauvais tour; mais il a tant d'ennemis dans cette classe, qu'il ne sait lequel il doit accuser et punir.

Lorsque Siu se mit en marche, il traversa les rues des deux enceintes murées de Canton, escorté d'une double rangée de soldats. Deux gongs annonçaient bruyamment le passage du vice-roi, et son palanquin était précédé d'une bannière sur laquelle était écrit : « Rangez-vous et faites silence; voici le commissaire impérial ! » Nul ne songeait à contrevenir à cet ordre. Au bruit des tam-tams, les marchands rentraient prudemment dans leurs boutiques, les porteurs de chaises s'arrêtaient, et les piétons, surpris par le cortége, se rangeaient le long des murs, les yeux baissés et les mains pendantes. Siu était rencogné au fond de sa niche, dans une attitude qui révélait sa mauvaise humeur; l'histoire du placard l'avait vivement contrarié; il promenait son regard à droite et à gauche, comme s'il eût cherché une occasion d'épancher sa colère. Mais en Chine on s'applique avec tant de soin à éviter les effets de la mauvaise digestion d'un mandarin, que, malgré son désir de chercher querelle à quelqu'un, il ne trouvait rien à reprendre; cependant, arrivé au coin de Hoëï-Gai-Kiaï, la rue de l'Affection bienfaisante, le faubourg Saint-Germain de Canton, le grand mandarin pâlit; il frappa violemment le bord de sa chaise, et ordonna à ses porteurs de s'arrêter. On était alors devant la maison de l'un de ces pauvres peintres qui font ces grandes images qui représentent des génies familiers et des tableaux de famille. Celui-ci avait étalé sur les murs extérieurs de son logis quelques-unes de ses œuvres les plus remarquables; mais, chose bizarre! au milieu des dieux souriants, des génies irrités, des femmes sans pieds s'envolant comme des oiseaux dans les plis soyeux de leurs légers vêtements, on voyait un mandarin décapité. La dignité du personnage était indiquée par les insignes dessinés sur le plastron qui recouvrait la poitrine. Le cadavre était agenouillé, et la tête, séparée du tronc, était à côté d'un chapeau de feutre portant le globule uni. C'était la vue de cette horrible peinture qui avait fait éclater la colère du vice-roi.

— Qu'on m'amène l'auteur de ce tableau! s'écria-t-il.

Aussitôt un pauvre diable d'artiste sortit tremblant de sa boutique, et il s'agenouilla devant la chaise de Siu.

— Pourquoi as-tu exposé cette image sur mon passage? s'écria le mandarin d'une voix émue.

— Monseigneur, c'est pour la faire sécher, répondit simplement l'artiste.

— N'est-ce pas plutôt pour mettre sur mon chemin un funeste présage? demanda le vice-roi en fureur.

— Comment oserais-je, moi, humble esclave de Votre Excellence, me rendre coupable d'un pareil crime? dit le peintre le front dans la poussière.

— Eh bien! alors, pourquoi as-tu peint cet abominable tableau?

— Hélas! monseigneur, parce qu'on me l'a commandé. Je gagne ma vie par mon travail.

— Eh bien! pour t'apprendre à ne pas la gagner en barbouillant de pareilles horreurs, on t'administrera vingt coups de bambou!... dit le vice-roi en se tournant vers les officiers de sa suite.

Les porteurs se remirent en marche. On se saisit du pauvre peintre, on le conduisit dans la geôle de la ville, où l'on exécuta la sentence du vice-roi. Ce fut impressionné par ces deux événements que notre mandarin partit pour la guerre.

Siu apprit par ses espions que les insurgés, formant un corps de troupes formidable, étaient à Ou-Tcheou-Fou, l'une des villes les plus à l'est du

Kouang-Si. Fidèle à ses principes de prudence, le gouverneur général se garda bien d'essayer de les surprendre : il s'arrêta à Chao-King et s'y cantonna, dans l'intention d'observer l'ennemi. Il lui eût été bien difficile d'ailleurs de dissimuler sa marche; outre les trois mille hommes qu'il commandait, il avait à sa suite une foule de petits mandarins, de valets, de bourreaux, de musiciens, de porteurs de tablettes et d'étendards, sans compter une petite troupe de jeunes femmes, destinée à égayer les ennuis du chemin. Il eût été impossible d'avancer secrètement avec cette escorte bruyante, laquelle rappelait celle de Darius, sauf cette différence que l'argent et les femmes, au lieu d'être traînés sur des chariots, étaient portés à dos d'homme dans des sacs, des coffres et des palanquins. Siu emportait avec lui des trésors. En quittant la ville de Canton, il avait pris beaucoup de piastres en guise de munitions, et, sur sa route, il s'était encore approvisionné le plus qu'il avait pu du nerf de la guerre. C'est en Chine surtout que l'argent fait capituler les cœurs et les consciences, lesquels sont, pour ainsi dire, au rabais : un général ne se vend guère plus cher qu'une courtisane de Fou-Tcheou-Fou. Siu, pénétré de cette vérité, avait pris ses mesures pour forcer la ville sans coup férir, et pour gagner des batailles sans brûler une amorce. C'est pendant son voyage de Canton à Chao-King que se passa le fait suivant.

On arriva un soir devant un cours d'eau rapide et profond qu'il fallait traverser sur une passerelle de bambous. Déjà une partie de l'escorte était sur l'autre rive; Siu fit arrêter sa chaise et commanda aux coulis de passer lentement et avec précaution; ceux-ci obéirent; mais au moment où ils atteignirent le milieu de ce pont élastique, une brusque secousse précipita dans l'eau les coulis et leur charge. Il y eut un moment de désordre inexprimable. La caisse était allée au fond de l'eau et les malheureux coulis se débattaient contre le courant en jetant des cris lamentables, tandis que Siu, en fureur, frappait de son éventail le bord de sa chaise. Par bonheur les coulis nageaient comme des poissons et ils regagnèrent aisément le bord. Le vice-roi leur aurait volontiers fait donner la bastonnade; mais il réserva pour un autre moment cette satisfaction et commanda à ces malheureux, encore tout haletants et troublés par la peur, de repêcher sur-le-champ la fameuse caisse, les menaçant d'un châtiment terrible s'ils ne la retrouvaient pas.

Les coulis quittèrent leurs vêtements et se mirent courageusement à l'eau; c'étaient d'habiles plongeurs; ils explorèrent le fond de la rivière, et, après beaucoup d'efforts, ils parvinrent à ramener sur le rivage la lourde caisse, mouillée, toute souillée de boue, mais parfaitement intacte. Siu se hâta de la faire charger sur les épaules de deux autres coulis et de donner l'ordre de départ. Quelques jours plus tard, en arrivant à Chao-King, un de ses premiers soins fut de faire ouvrir la caisse en sa présence; mais, à la place de ses lingots d'or, il ne trouva que des cailloux et des morceaux de plomb proprement enveloppés dans du papier de soie. Les coulis étaient de hardis voleurs qui avaient très-habilement calculé cette substitution. Le vice-roi, transporté de colère, mit sur pied toute sa police; mais ce fut inutilement : les voleurs s'étaient sans doute réfugiés dans le pays occupé par les rebelles et ils y avaient mis en sûreté leurs personnes et leur butin.

Les insurgés, sachant quelle espèce de projectiles remplissait les coffres du vice-roi et avec quelles munitions de guerre il était entré en campagne, se mirent également en observation; ils attendaient une occasion favorable pour opérer une double capture, en s'emparant à la fois du général et de ses moyens d'attaque; mais, si le vice-roi n'est pas excessivement brave, il est, en revanche, extrêmement rusé, et les rebelles en furent pour leurs frais de stratégie. La Chine, ce pays prosaïque et peu guerrier, fut alors le théâtre d'un fait renouvelé du temps des preux : un chef de rebelles, Tchou-lou-tao, fatigué de se trouver en présence d'un ennemi qu'aucune provocation ne pouvait faire sortir de ses retranchements, résolut de lui porter un défi, et *les beaux yeux de la cassette* du vice-roi, exaltant probablement son imagination, il envoya à Siu le cartel suivant :

« Ayant appris que Votre Excellence a amené des

troupes pour nous soumettre et nous exterminer, je me demande comment vous pourrez échapper au sort qui vous attend : vous n'osez pas venir nous combattre. Vous êtes évidemment sans force et sans courage, car, après avoir rangé vos troupes en ordre de bataille, au moment d'en venir aux mains, vous tombez dans la crainte et dans la confusion. Si réellement vous avez confiance en votre force et en vos moyens, et qu'au milieu de votre faiblesse absolue vous pensiez pouvoir soutenir un combat, fixez donc pour cela un jour prochain, afin que nous décidions de suite, et dans une seule bataille, qui de nous doit succomber ou vaincre, et que par là nous épargnions d'une destruction générale et certaine ces pauvres soldats que vous faites massacrer en détail. »

En recevant cette missive, contraire à tous les usages d'un pays, où l'on tient surtout à se bien porter et à vivre longtemps, Siu entra dans une colère encore plus furieuse que celle qu'il avait éprouvée en lisant le fameux placard par lequel on avait mis sa tête à prix. Sous l'influence de ce terrible emportement, il sortit des bornes de sa prudence habituelle et même des remparts de la ville. Installé dans son palanquin, il se mit à la tête de ses troupes et chemina toute une matinée; mais, à quelques *lis* de Chao-King, la chaleur du jour portant conseil — on était au mois d'août, — le vice-roi décida qu'on rentrerait en ville après cette promenade militaire. Ainsi se termina la première campagne de Siu contre les rebelles.

En annonçant le départ du gouverneur général des deux Kouang à la tête de sa petite armée, un journal anglais, très au courant des affaires de Chine, disait avec une apparence de raison : « Siu travaille à dissoudre les bandes du Kouang-Si, non point par la force, mais par la ruse et l'argent ; il réussira sûrement. L'argent est la principale affaire dans la rébellion. »

Malgré cette prophétie, le rusé mandarin n'a pas réussi : c'est qu'il y a autre chose dans cette rébellion qu'un mobile intéressé... Plus tard, nous verrons quel autre élément a offert une résistance invincible à la diplomatie de Siu.

Toutefois, Siu a très-bien fait de ne pas se mesurer avec les soldats de Tièn-tè, lesquels traitent les vaincus avec une barbarie inouïe. Cinq cents soldats du Hiang-Chan, ayant eu le malheur de tomber dans une embuscade, furent égorgés par les fanatiques auxiliaires du prétendant. Dix seulement échappèrent à cette boucherie et allèrent jeter l'alarme dans Koueï-Lin, en racontant la triste fin de leurs compagnons.

Cependant, malgré ces défaites successives, les mandarins ne cessent d'envoyer au Fils du ciel les bulletins de leurs victoires. Le *Moniteur* de Pékin suffit à peine à enregistrer leurs prouesses. Dans quelques-unes de ces hableries militaires, on raconte les prodigieux effets d'un boulet de canon qui a enlevé toute une file de l'armée ennemie, le capitaine en tête, et on demande une récompense pour le canonnier qui a pointé ce coup merveilleux. Un autre bulletin affirme que, dans une seule action, huit cents hommes ont été tués par une seule décharge, et que, le même jour, les vainqueurs ont pris trois villes d'assaut. Tous ces contes bleus sont accompagnés de noms et de dates précises; rien n'y manque, pas même le paraphe officiel. Et cependant ces mêmes hommes, qui font au souverain ces grossiers mensonges, savent mourir pour défendre son trône.

Nous avons vu déjà Lin quitter sa chère solitude pour obéir aux ordres qu'il avait reçus, et mourir en se rendant à son poste. Son successeur, Li-sing-yuèn, après six mois de bons et dévoués services, demande à l'empereur de le décharger, durant quelque temps, de ses fonctions, afin qu'un peu de repos répare sa santé, usée par la lutte qu'il soutient dans l'intérêt de la domination tartare. Cette grâce lui est accordée; le sujet dévoué transmet, suivant l'ordre qu'il en a reçu, le sceau impérial à Saï-chang-ha et quitte Koueï-Lin pour aller à Pékin. Mais la faveur qu'il a sollicitée arrive trop tard; la responsabilité qui pesait sur lui a miné sa vie : son impuissance à réduire les insurgés l'a rendu triste jusqu'à la mort, et il succombe avant d'avoir atteint la ville impériale.

Les vieilles institutions ont seules le privilége d'inspirer ces dévouements fidèles : l'histoire de Blondel et de son roi Richard se retrouve dans celle de toutes les vieilles dynasties de toutes les vieilles races royales. Tel sujet loyal, qui gémit en voyant le sceptre en des mains débiles ou incapables, meurt cependant pour défendre le souverain qui plie sous le poids de sa grandeur. Il y a, dans certaines familles, des traditions qui les rendent solidaires des infortunes royales, et rien, pas même leur volonté, ne saurait les délier de leur glorieux servage.

L'empereur, en apprenant la mort de Li-sing-yuèn, retrouva, lui aussi, au fond de son cœur, un de ces nobles sentiments qui honorent également le monarque et le sujet. Il pleura son serviteur fidèle, fit son apologie dans un édit rendu public et ordonna au ministère des rites de rendre au défunt les honneurs dus à un gouverneur général. Ces soins accomplis, il envoya au gouverneur du Hou-Nan dix taëls pesant de Ginseng de Tartarie, pour les offrir à la vieille mère de Li-sing-yuèn. On sait que cette plante est douée, aux yeux des Chinois, de propriétés merveilleuses ; on la considère comme un agent aussi énergique qu'inoffensif contre la chute des forces et la diminution de la chaleur vitale : aussi les riches en font-ils un usage fréquent, ne doutant pas que ce cordial ne prolonge considérablement leur existence, et que dans certains cas il ne les préserve de la mort. Le jeune empereur, en faisant ce présent, disait en quelque sorte à la mère de son serviteur qu'il faisait des vœux pour qu'elle vécût les jours que son fils avait abrégés à son service.

CHAPITRE VII.

UN CRIME. — LES SAPÈQUES. — KOUEÏ-LIN.

Au mois de juillet 1851, il se passa dans la demeure impériale un fait mystérieux, dont les circonstances ne sont pas encore aujourd'hui parfaitement connues. A l'heure où l'empereur se promène dans les somptueux jardins de son palais, un homme armé se précipita sur lui et tenta de l'assassiner. Mais un chambellan qui se trouvait à portée détourna l'arme meurtrière et sauva le Fils du ciel. Cet acte de dévouement mit en péril sa propre vie ; il reçut, dans l'articulation du coude, une blessure qui nécessita l'amputation. Ce crime avait-il été prémédité par quelque adhérent des rebelles ? ou bien les parents du jeune empereur, alarmés de voir, en ces temps difficiles, le sceptre aux mains d'un adolescent, avaient-ils voulu, dans un intérêt dynastique, faire transmigrer violemment leur jeune parent ? Cette dernière supposition est la plus probable. Le régicide est le crime des causes désespérées, et il est fort rare que les représentants du progrès, les hommes qui sont réellement dans les voies de l'avenir, recourent à ces détestables exécutions pour hâter le triomphe de leurs idées.

A la suite de cette tentative, dix-huit grands mandarins eurent la tête tranchée ; tous les membres de leurs familles subirent le même sort. C'est une loi fatale dans l'Empire du milieu ; très-souvent les arrêts frappent les coupables jusque dans leurs descendants.

Un bruit accrédité en Chine, relativement à cet événement, c'est que les oncles de l'empereur n'étaient pas étrangers à ce crime. On parla même de Mou-tchang-ha et de Ki-in. C'étaient Burrus et Sénèque soupçonnés d'avoir attentés au jours du jeune Néron ! Il est plus vraisemblable que les eunuques du palais furent les complices de cette odieuse tentative. Ces hommes dégradés et flétris ont, de tout temps, joué un rôle infâme dans les conspirations de palais, et, plus d'une fois, les révolutions du Céleste empire ont eu pour promoteur un individu de cette espèce abjecte, qui, à défaut de virilité corporelle, est douée d'une énergie perfide et chez laquelle la passion de l'envie remplace l'ambition.

Cette tentative sur la personne de l'empereur eut son écho dans les provinces insurgées. On y proclama, en quelque sorte, la déchéance de la dynastie tartare, en répandant des sapèques qui portaient le nom de Tien-tè. Les sapèques, appelées *tsien* en chinois, sont la monnaie courante de l'Empire du milieu. Ce sont de petites pièces de cuivre, de zinc et de nickel, minces et rondes comme une pièce de vingt sous, et percées d'un trou carré, dans le milieu, qui permet de les réunir par de longues ligatures d'une valeur déterminée.

Ce signe représentatif est aussi laid que nos gros sous. Chacune de ces pièces ne vaut pas plus d'un centime, et la composition très-facilement oxydable avec laquelle elles sont faites leur donne le plus souvent une apparence sordide. C'est pourtant le signe représentatif par excellence, la monnaie nationale, en dehors de laquelle il n'y a que des lingots d'or ou d'argent dépourvus de toute empreinte officielle. Les sapèques ne portent jamais d'effigies, elles sont seulement marquées du nom de l'empereur sous lequel elles ont été coulées ; en Chine, on ne bat pas, mais on coule monnaie ; et, comme jadis en France, la loi punit de mort les contrefacteurs de ces vilains petits sous, sans toutefois récompenser le dénonciateur, ce qui est un raffinement de la civilisation européenne.

L'apparition de cette nouvelle monnaie donna fortement à penser aux politiques marchands de Canton. Ils méditèrent longtemps devant les caractères séditieux du prétendant, et peut-être étaient-ils de l'avis d'un personnage austère par état, et jadis homme politique, lequel disait : « J'ai une méthode bien simple pour reconnaître la légitimité d'un souverain : je me fais tout simplement présenter une pièce de cent sous récemment frappée ; l'image qu'elle représente est pour moi celle du vrai César ; car le vrai César est toujours à mes yeux celui qui bat monnaie ! »

Le procédé est commode en effet ; cependant, en présence de deux souverains s'arrogeant le même droit, les théologiens de l'Empire du milieu se trouvèrent fort embarrassés. L'homme en question ne l'eût pas été du tout : probablement il aurait tendu la main droite et la main gauche, en déclarant que les deux empereurs étaient également légitimes.

Malgré leurs efforts, les insurgés n'avaient pu s'emparer de Koueï-Lin, la capitale du Kouang-Si ; mais un grand nombre de villes départementales étaient tombées en leur pouvoir. Lo-Ting-Tcheou et Li-Ning-Hièn avaient été emportés d'assaut et ils y avaient fait un immense butin. Après la prise de ces deux villes, un des chefs rebelles, Tchou-lou-tao, envoya une flottille montée par six mille hommes, pour s'emparer de Iu-Lin-Tcheou. Le préfet et le général Ou-lan-taï étaient dans cette ville. A l'approche des rebelles ils tentèrent un mouvement stratégique, afin de leur couper le chemin ; mais, au lieu de tomber à l'improviste sur l'ennemi, ils donnèrent, sans s'en douter, dans une embuscade.

L'action eut lieu pendant la nuit, et le jour qui suivit éclaira un lamentable tableau. Les troupes impériales, surprises par les rebelles, avaient été littéralement égorgées, et parmi les morts gisait le malheureux préfet de Iu-Lin-Tcheou. Du reste, mieux vaut, pour un général ou un administrateur chinois, succomber dans une rencontre que de survivre à une défaite. Souvent les malheureux vaincus devancent la justice de l'empereur et se punissent eux-mêmes en se donnant la mort. Déjà nous avons vu plusieurs exemples de ce stoïcisme barbare. Les gouverneurs de Lo-Ting-Tcheou et de Li-Ning-Hièn obéirent au fatal préjugé qui porte la plupart des mandarins à ne pas attendre leur disgrâce.

Il est difficile de concilier ce mépris de la vie avec la pusillanimité dont ces mêmes hommes font preuve en d'autres circonstances. C'est le prestige de l'autorité traditionnelle qui opère ce miracle. Le même individu qui tremble à l'aspect d'une épée nue, s'empoisonne ou se pend résolûment, en songeant que le maître qui l'a élevé au rang qu'il occupe le dégradera ou blâmera sa conduite.

Vers la fin de 1851, les triomphes des rebelles se succèdent avec une telle rapidité, que la *Gazette* de Pékin elle-même cesse d'enregistrer les victoires des impériaux pour raconter les avantages que l'insurrection a obtenus. Toutes les villes fortifiées sont mises sur le pied de guerre, et les Européens reçoivent des lettres de leurs correspondants de l'intérieur qui les assurent qu'à Hang-Tcheou, à Tchin-Haï, à Ning-Po, on se prépare au combat. Dans les grandes villes, on vend des plans topographiques de l'insurrection, sur lesquels sont marqués tous les pays qu'elle occupe et les villes dont elle s'est successivement emparée. Ces plans, qui ont été publiés de mois en mois, sont parvenus jusqu'en Europe, et c'est sur une de ces cartes que nous suivons aujourd'hui le progrès des rebelles. Nous dirons les rebelles, en attendant le jour où ils entreront dans le palais impérial de Pékin ; à dater de ce moment, nous les appellerons d'un autre nom ; car, en vertu des opinions politiques reçues en Chine, ce sera alors Hien-foung qu'on appellera un rebelle !

Le 29 septembre, un corps considérable d'insurgés rencontra les troupes impériales dans le district de Young-Gan ; le combat s'engagea et les tigres furent mis en déroute ; après cette action, l'une des plus meurtrières de cette guerre d'escarmouches, les rebelles poursuivirent leurs avantages et emportèrent d'assaut Young-Gan-Tcheou, Houen-Mou, et la ville départementale de Ping-lo. Les vainqueurs sommèrent les magistrats de reconnaître la souveraineté de Tien-tè, et tous ceux qui refusèrent d'accomplir cette formalité furent mutilés ou simplement mis à mort. Ainsi, dans cette contrée, que les enfants civilisés de l'Occident appellent barbare, il se trouve encore des fonctionnaires qui restent fidèles au souverain en présence de la rébellion triomphante, et meurent plutôt que de manquer à leur serment.

Les insurgés, maîtres des trois villes, épargnèrent cependant les habitants qui ne souffrirent aucun dommage dans leurs biens ni dans leurs personnes. Une proclamation de Tien-tè les engagea à continuer de vivre tranquillement chez eux, permettant à tous ceux qui ne voudraient pas reconnaître son autorité de se retirer où bon leur semblerait, en emportant ce qu'ils pourraient de leur fortune. Bon nombre de ces paisibles citadins profitèrent en toute hâte de cette permission, et partirent chargés de leurs effets les plus précieux ; mais, en opérant cette émigration, ils eurent le malheur de tomber au milieu d'une troupe d'impériaux, lesquels, sans tenir compte du motif qui les avait fait fuir des villes conquises, les dépouillèrent entièrement et tuèrent ceux qui tentaient de se défendre. En subissant de telles violences, ces malheureuses victimes de la guerre civile reprochaient aux soldats de l'empereur leur couardise en face de l'ennemi et leur audace en attaquant des gens sans défense. « Vous êtes, leur disaient-ils, des souris devant les rebelles et des tigres devant nous ! » Ces malheureux ne s'apercevaient sans doute pas qu'ils faisaient un méchant calembour.

Cependant Siu, toujours enfermé dans les environs de Kao-Tcheou-Fou, épuise ses ressources stratégiques ; il met à prix la tête du père de Tien-tè, celle d'un conseiller mystérieux qui accompagne partout le prétendant, et celle de Tien-tè lui-même, offrant quatre-vingt-dix mille taëls à quiconque lui apportera ces trois têtes dans un sac : c'est-à-dire qu'il estime individuellement chacun de ces chefs rebelles vingt mille taëls de plus qu'on a estimé son propre crâne. Malgré ces offres brillantes, Siu ne voit rien venir. Le désespoir gagne alors le vice-roi des deux Kouang, il est mal à l'aise dans le Kouang-Si et demande instamment à l'empereur de le laisser retourner à Canton. Un mandarin chinois, talonné par l'ennui, accablé par les soucis d'une telle position, est capable d'inventer les plus bizarres stratagèmes pour s'en tirer.

Notre mandarin, dans un rapport que la *Gazette* officielle de Pékin lui a joué le mauvais tour de publier, expose à son maître que les sujets de dona Maria da Gloria, reine de Portugal, préparent une expédition contre le Céleste empire! Il transforme les pacifiques Macaïstes en une troupe de forbans, prête à seconder l'insurrection et voulant reconquérir pour son propre compte les provinces du Kouang-Toung et du Fo-Kien!

On le voit, cet empire gigantesque, servi par des mandarins menteurs, défendu par des soldats couards, est en dissolution; de tous côtés se montrent des symptômes qui révèlent sa chute prochaine.

Sur la rive droite du Tchou-Kiang, en face des jardins de Fa-ti que tous les Européens connaissent, et où croissent, taillés en forme de buffle et de tigre, des arbres noueux et rabougris, il y avait, au mois de septembre 1851, vingt grandes jonques, portant deux mille recrues du district de Toung-Kouan, destinées à aller renforcer les troupes du Kouang-Si. Au moment de mettre à la voile, ces troupes mercenaires refusèrent de partir, si on ne leur avançait deux mois de solde. Les mandarins subirent leurs exigences, et, lorsque les comptes furent réglés, cette horde indisciplinée partit, accompagnée de mille volontaires, de neuf cents soldats réguliers et munie de vingt pièces de campagne. Mais que peut-on attendre de pareils hommes ? Comme ces bandes d'aventuriers qui vendaient jadis leurs services, ils sont capables de passer à l'ennemi, si l'on tarde un seul jour de solder leur paye. C'est ce qui explique les continuelles défaites de l'armée impériale et les progrès non moins suivis de l'insurrection.

Cependant Hien-foung, qui sent que son trône chancelle, cherche à le raffermir par de nouveaux actes de vigueur ; il a recours aux moyens détestables qu'un despotisme aveugle emploie dans les jours de danger. Dans son effroi et sa colère, il frappe sans merci les généraux coupables de s'être laissé battre ; il dégrade les fonctionnaires des provinces, des départements et des districts dans lesquels l'insurrection se propage. Le *Moniteur* de Pékin commente longuement les fautes que les chefs ont commises, et chaque exposé est suivi d'une condamnation à mort, ou tout au moins d'une dégradation.

Saï-chang-ha, qui, d'abord premier ministre, a été envoyé comme commissaire extraordinaire dans le Kouang-Si, et qu'après la mort de Lin, l'empereur a nommé gouverneur de cette province, Saï-chang-ha, disons-nous, est rabaissé de quatre degrés, parce qu'il n'est pas parvenu à éteindre l'insurrection. Des généraux qui, la veille d'une action, ont eu le malheur d'être malades, sont aussi dégradés, et Ou-lan-taï, le général tartare de Canton, est compris dans cette disgrâce. Mais avant l'arrivée du décret impérial dans le Kouang-Si, Ou-lan-taï ayant eu le bonheur de prouver sa bravoure dans un bulletin de sa façon, le décret est révoqué en ce qui le concerne, et il est réintégré dans ses dignités.

Au milieu de ces périls et de ces embarras, le fils du ciel passe une partie de son existence dans des occupations futiles, entouré de ses favorites et de quelques courtisans qui peut-être complotent sa mort. Il s'amuse, étrange passe-temps, à composer un poëme sur les hauts faits du général tartare! Nous avons lu une partie des élucubrations poétiques du jeune empereur, c'est l'œuvre d'un esprit peu fécond qui s'approprie l'imagination d'autrui et met à chaque ligne quelques réminiscences des auteurs classiques du Céleste empire; ce sont les Homères chinois, les Ariostes de Pékin, qui ont fourni à ce poëte impérial la plupart de ses hémistiches ampoulés.

Pendant que le souverain mantchou accorde sa lyre, comme disait feu Delille, que fait le descendant des Ming? Il ne compose pas un poëme épique, car il pense sans doute avec quelque raison qu'un empereur qui a son trône à défendre ou à conquérir a bien autre chose à faire que de rimer des chants dythirambiques; il n'écrit qu'en prose et il adresse aux populations un nouveau manifeste où il révèle jusqu'à un certain point sa politique future. Ce document important a fort excité l'attention des Européens qui habitent la Chine, lesquels sont ordinairement fort dédaigneux à l'endroit de la politique indigène. Nous reproduisons un fragment de cette pièce spécialement adressée aux impériaux, nous réservant de donner plus loin une autre proclamation où les idées de Tien-tè sont bien plus nettement formulées :

« Nous ne serons pas les seuls à vous mettre en déroute ; l'air même, par l'infection dont il vous entoure, vous donne avis de vous en aller. Lorsque ma vertu céleste aura triomphé, le pays deviendra heureux et les gouvernants seront honnêtes comme dans les anciens temps. J'aperçois le signe arboré par le conseil céleste, et j'ai constitué un grand général après avoir reçu son serment d'humanité. Si les vagues s'élèvent en engloutissant tout devant elles ; si nous montons sur les remparts et nous frayons un chemin dans les citadelles, je crains bien que vous n'ayez beaucoup de peine à préserver la capitale et à maintenir dans le repos le palais de Sa Majesté. »

On parle toujours des tentatives des rebelles contre la ville de Koueï-Lin, dont ils ne se sont pas emparés encore, bien que la nouvelle en ait été donnée plusieurs fois. Cette ville est un point militaire important ; mais il paraît que les chefs des insurgés ne se préoccupent guère de l'importance stratégique des diverses localités dont ils s'emparent ; excepté quelques villes fortes dans lesquelles le prétendant se retire, ils abandonnent successivement tous les *fou* et tous les *hièn*, après y avoir prélevé les contributions nécessaires pour payer leurs troupes. Cette tactique est celle des chefs barbares qui conduisaient les grandes invasions dont l'histoire nous a transmis le souvenir. Les insurgés vont droit devant eux, s'emparant chaque jour d'un nouveau point qu'ils abandonnent le lendemain. On voit qu'ils ont l'intention de faire une trouée jusqu'à la capitale. Dans un pays aussi fortement centralisé que la Chine, tant que Pékin est aux mains des Mantchoux, ils règnent toujours dans l'empire du milieu ; mais le jour où le descendant des Ming entrera dans la ville impériale, les provinces qu'il aura traversées et non conquises reconnaîtront son droit et se soumettront à son autorité.

Puisque nous revenons à Koueï-Lin, nous allons donner une rapide description de cette ville, dont il sera bien souvent encore question dans cette histoire. Le chef-lieu du Kouang-Si est bâti sur la rive droite d'une grande rivière appelée Koueï-Kiang. Ce magnifique cours d'eau qui coule de l'est à l'ouest, après avoir plusieurs fois changé de nom et reçu plusieurs affluents, baigne, sous le nom de Tchou-Kiang, rivière des Perles, les remparts de Canton. Koueï-Lin est une ville murée ; au nord, l'horizon est borné par de magnifiques montagnes dont les cimes aiguës ressemblent aux pointes d'une immense file d'obélisques. Au pied de trois pics élancés sont couchées des collines à la croupe arrondie qui semblent avoir roulé de leurs cimes. Ces coteaux sont couverts de cannelliers dont les aromes embaument l'air presque toute l'année.

L'aspect de Koueï-Lin est plein de charme pour les Chinois; les paysages accidentés ont à leurs yeux des beautés singulières, et les mêmes artistes qui peignent des roches impossibles, qui créent une végétation factice et admirent dans leur jardin les monstruosités de l'art chinois, ne se lassent pas de contempler les œuvres de la nature, à condition toutefois que leur imagination pourra y découvrir quelque forme indécise, quelque image bizarre. Les touristes du Céleste empire font devant les rochers du Kouang-Si un travail de contemplation analogue à celui auquel se livrent certains individus devant les tabatières de buis. Ils veulent absolument qu'elles soient peuplées d'images que leurs yeux prévenus seuls y découvrent.

Sur les bords de la rivière Koueï-Kiang, en avant de la ville, du côté de l'est, il existe une de ces curiosités naturelles : c'est un énorme bloc de pierre dont les formes rappellent celles d'un éléphant gigantesque. Les Chinois appellent ce rocher Siang-Pi-Chan, rocher du nez de l'éléphant. Le pachyderme est à moitié couvert par des bambous; il porte sur son dos une tour arrondie couverte d'un double toit de porcelaine surmonté de dragons ailés. On dirait un de ces animaux se baignant dans les fleuves de l'Inde, au milieu des roseaux et portant sur sa vaste croupe un de ces pavillons dans lesquels se promène le roi de Siam.

Les remparts de la ville sont en briques et en pierres grossières, reliées avec de l'argile; ils sont bordés de créneaux en assez bon état, et de toutes les embrasures sortent les bouches d'une double rangée de canons. Vers l'ouest, dans l'enceinte même de la cité, un immense jet de pierre s'élance du sol; il est de forme conique et ressemble à un immense pain de sucre. Les Chinois l'appellent la Merveille isolée. On gravit ce roc escarpé en suivant un chemin qui serpente à l'entour, et le long duquel on trouve à chaque pas de petits oratoires. Au sommet s'élève la pagode célèbre devant laquelle il y a deux grands mâts ornés de banderoles aux vives couleurs. Un pont de bateaux relie les faubourgs de la ville murée aux campagnes environnantes; car le fleuve passe au pied de Koueï-Lin, à peu près comme le Rhône devant Avignon.

On affirme que Koueï-Lin compte plus de quatre cent mille habitants. Ces chiffres ne paraissent exacts que lorsqu'on a vu les villes chinoises. Telle est la capitale de cette province, berceau de l'insurrection. Disons encore en passant que Siu, dont nous connaissons la prudence excessive, n'a pas cherché à s'enfermer dans cette place que les généraux chinois tiennent pour inexpugnable; c'est peut-être cette opinion qui jusqu'à ce jour l'a protégée contre les rebelles.

CHAPITRE VIII.

UNE SCÈNE SANGLANTE. — POLITIQUE DES INSURGÉS.

Dans le courant de l'année 1851, plus de sept cents malheureux furent exécutés à Canton. La sévérité des mandarins semble s'exaspérer au fur et à mesure que l'insurrection s'étend ; il ne se passe pas de jour que la justice ne fasse de nombreuses arrestations, et que des malheureux, enfermés dans des cages de bambous, garrottés comme des bêtes féroces, ne soient amenés de la province du Kouang-Si ou des districts soulevés du Kouang-Toung. Ordinairement on ne leur fait pas attendre leur sentence, vu que dans les cas d'insurrection l'autorité supérieure de la province a le droit de faire exécuter les arrêts de mort sans recourir à l'empereur, et qu'elle use largement de ce sanglant privilége. Une exécution à mort est toujours une chose hideuse en tout pays, mais en Chine l'appareil dont elle est environnée en redouble l'horreur. Nous allons donner ici la lettre d'un de nos amis qui eut la triste curiosité d'assister au supplice de cinquante-trois rebelles du Kouang-Si.

« Le 1er mai, écrivait-il, j'allai avec trois de mes amis assister à une exécution. La rue dans laquelle se passent ordinairement ces affreuses scènes est, comme vous le savez, située hors de la ville murée de Canton, vers la partie du faubourg qui est au sud en longeant la rivière. Cette rue étroite et sale, d'environ cent mètres de longueur sur quinze de largeur, est appelée par les Européens le Champ des Potiers. Toutes les maisons environnantes sont effectivement habitées par des ouvriers qui confectionnent la vaisselle commune et ces fourneaux portatifs que vous avez vus souvent dans les plus pauvres maisons et sur les demeures flottantes des tankadères. Et de peur qu'un Chinois comme vous ne me chicane sur les noms, je m'empresse de vous dire que les indigènes appellent cette lugubre localité Tsièn-Tze-Ma-Teou, le quai des mille caractères, par allusion aux nombreuses enseignes qu'on y aperçoit de la rivière.

« Nous arrivâmes à dix heures du matin, et nous nous installâmes devant la boutique d'un individu qui raccommodait de vieilles chaussures. La position était excellente pour embrasser d'un coup d'œil toute la cérémonie. Nous restâmes là tranquillement jusqu'à midi. Alors arrivèrent quelques soldats et des officiers attachés au service des mandarins, lesquels firent évacuer la rue et repoussèrent au loin les curieux. C'était, comme en Europe, la plus vile populace qui venait assister à ce spectacle : des gens sales, déguenillés et d'un visage sinistre, qui erraient sur ces terrains imprégnés de sang, où ils avaient probablement vu supplicier déjà nombre de leurs compagnons et peut-être de leurs complices.

« Peu de temps après, le roulement du tam-tam nous annonça l'arrivée de tout le cortége. Des mandarins de tous les grades, au globule rouge, blanc, bleu ou jaune, à cheval ou portés dans des palanquins, et suivis de leur escorte de musiciens, de sbires et de porte-étendards, mirent pied à terre à peu de distance du champ d'exécution. Contrairement à leurs habitudes cérémonieuses, ils vinrent se ranger silencieusement dans la sinistre enceinte.

« Alors arrivèrent les condamnés ; ils étaient cinquante-trois, enfermés chacun dans un panier, les mains liées derrière le dos, les jambes enchaînées, portant suspendue au cou une planchette sur laquelle était écrite leur sentence. Vous avez rencontré souvent dans les rues chinoises deux coulis portant enfermés entre des claies de bambou des porcs couchés tout de leur long ; eh bien ! substituez par la pensée des créatures humaines à l'animal immonde, et vous aurez une idée des cinquante-trois malheureux ainsi voiturés. Quand on eût déposé ces cages à terre, on les ouvrit et on les vida comme s'il se fût agi de déposer un porc dans la boutique d'un boucher. J'examinai avec attention les infortunés : c'étaient des gens des dernières classes du peuple ; ils étaient décharnés par la faim et ressemblaient bien plus à des squelettes qu'à des êtres vivants. On voyait qu'ils avaient souffert la plus affreuse misère; leurs vêtements étaient des loques hideuses. Ils portaient les cheveux longs, et la queue en désordre, attachée au sommet de la tête, avait été coupée au tiers de sa longueur ordinaire. Évidemment ils avaient fait partie des bandes insurgées, lesquelles ont adopté la mode des Ming et laissent croître toute leur chevelure.

« Plusieurs de ces malheureux étaient fort jeunes; quelques-uns n'avaient pas seize ans, d'autres avaient les cheveux gris. A peine furent-ils jetés à terre pêle-mêle, qu'on les fit mettre à genoux. Mais la plupart étaient tellement exténués par la souffrance, qu'ils ne pouvaient se soutenir ainsi accroupis; ils roulaient dans la boue. Alors un valet de bourreau les relevait et les maintenait agenouillés. Lorsqu'ils furent ainsi disposés les uns auprès des autres, trois bourreaux se placèrent derrière cette file, attendant le moment de l'exécution. Vous vous souvenez sans doute de ces horribles figures que nous avons vues souvent ensemble dans le cortége du juge criminel de Canton, vêtues d'une blouse rouge, coiffées d'un diadème de cuivre surmonté, au-dessus des oreilles, de deux longues plumes de faisan à médaillons. Eh bien! ce sont ces êtres sinistres qui attendaient un coutelas à la main. Ces énormes couteaux ont environ deux pieds de long; le dos de la lame est large de deux doigts : c'est une arme pesante, ayant la forme des rasoirs chinois et grossièrement emmanchée dans un morceau de bois.

« Alors on introduisit dans l'enceinte le mandarin qui fermait le cortége : c'était un globule blanc; il tenait en main une planche sur laquelle était écrit l'ordre d'exécution. Dès que cet homme parut, l'affreuse besogne commença. Des valets de bourreau, vêtus d'une longue robe noire, coiffés d'une espèce de treillis en fer, saisirent par derrière les condamnés, et, passant les bras sous les aisselles de chaque victime, ils leur firent exécuter un mouvement de bascule qui la forçait à allonger le cou. Le bourreau était devant elle, tenant son couteau à deux mains; il appuyait avec force l'instrument tranchant, désarticulait avec une adresse et une prestesse incroyable les vertèbres cervicales, et tranchait d'un seul coup la tête du patient. Jamais le terrible exécuteur n'était forcé d'y revenir, et, si quelque lambeau de chair n'était pas entièrement coupé, le poids suffisait pour le déchirer, et la tête roulait immédiatement sur le sol. Aussitôt un aide renversait d'un coup de pied le supplicié, dont le cadavre serait resté agenouillé si on ne l'eût jeté par terre. Après trois ou quatre décapitations, le bourreau changeait d'instrument : le tranchant de la lame paraissait tordu et comme ondulé. Le supplice de ces cinquante-trois malheureux ne dura que quelques minutes.

« Dès que la dernière tête fut tombée, les mandarins se retirèrent silencieusement comme ils étaient venus. En voyant les plus hauts fonctionnaires de la province assister au supplice de ces malheureux, je fus frappé de cette réflexion que, chez tous les peuples et dans tous les pays, on a, chose horrible! élevé l'échafaud politique au lieu de le rabaisser. Après le départ des mandarins, les bourreaux ramassèrent toutes les têtes et les jetèrent dans une caisse apportée à cet effet. En même temps, les valets enlevèrent les chaînes aux suppliciés étendus dans une boue de sang. Les têtes furent emportées; quant aux corps, on les laissa sur place.

« Une scène lamentable commença alors : une bande de femmes échevelées arrivèrent en hurlant et se précipitèrent en désordre sur le lieu de l'exécution. Les malheureuses cherchaient à reconnaître parmi ces cadavres sans tête leur père, leur mari, leur fils. C'était une chose affreuse de les voir courir çà et là, hésitant et se trompant au milieu de ces restes mutilés. Cette recherche continua toute la journée avec un lugubre vacarme, les chants funèbres se mêlant aux cris et aux sanglots. Les femmes ne cessaient de répéter cette espèce de psalmodie qui est commune à toutes les cérémonies funèbres, et qui date d'une époque très-reculée, car elle fut composée, dit-on, du temps des Han. C'est une sorte de rhythme plaintif où reviennent toujours les mêmes paroles : « O calamité! ô désespoir!... Mon « bonheur est fini pour toujours!... Votre bonté « n'adoucira plus mes amertumes! Seule et délais-

« sée de tous, je n'ai plus qu'à pleurer et à mourir « sur vos cendres!... » etc.

« A ces détails, que j'ai vus de mes yeux, je dois en ajouter quelques autres qui m'ont été donnés par des Chinois. Lorsque les condamnés sortirent de la prison, l'on donna à chacun un gâteau à manger : c'était un de ces pâtés cuits à la vapeur et remplis de confitures ou de viande hachée que vous avez vus figurer souvent sur la table des mandarins. Je demandai la raison de cet usage, et l'on me répondit qu'on remplissait l'estomac des condamnés pour deux raisons : d'abord pour empêcher que l'effusion du sang ne fût trop abondante, et, en second lieu, afin que l'âme, affamée par une trop longue abstinence, ne tourmentât pas ceux qui venaient de la séparer violemment de son enveloppe mortelle. Je vous donne cette explication pour ne rien omettre ; mais voici un détail qui a son prix ; il m'a été fourni par un lettré placé à côté de moi pendant cet affreux spectacle. « L'exécution, me dit-il, n'a « pas été faite dans toutes les règles. Ordinairement « on amène le coupable devant une espèce d'autel « formé avec des pierres apportées des dix-huit pro- « vinces. On élève cet autel expiatoire la veille du « supplice, et, lorsque tout est fini, on le démonte. « Cet usage est excellent : il inspire au coupable plus « de repentir et de remords, parce qu'il lui semble « qu'il subit ainsi la peine de son crime devant tous « les habitants de l'empire. »

Ce n'est pas seulement avec ces moyens de répression que les mandarins tâchent d'arrêter le mouvement insurrectionnel : ils essayent de tourner la cause des rebelles en dérision en répandant parmi le peuple des pamphlets remplis d'anecdotes incroyables. On raconte, par exemple, dans une de ces productions satiriques, que Tièn-té étant mort dans l'incendie fortuit de son camp, sa femme s'est emparée du gouvernement après avoir fait assassiner le frère de son mari. Or, en Chine, on n'admet pas que le sceptre puisse tomber en quenouille, et on n'y parle qu'avec horreur de l'impératrice Ou-heou, cette Élisabeth de l'Orient, qui parvint à saisir le pouvoir impérial et à le garder pendant plus de vingt ans. Les Chinois ont, à cet égard, des préjugés tellement invincibles, qu'ils ont même effacé le nom de l'impératrice Ou-heou de la liste des souverains qui ont gouverné le Céleste empire ; pour eux, ce règne honteux n'a pas existé ! L'idée du pouvoir souverain aux mains d'une femme les remplit d'indignation ; pourtant ils savent qu'une femme règne sur ce peuple de l'Occident qui les a vaincus, et que jamais la nation anglaise ne fut plus grande et plus glorieuse que sous le gouvernement de Sa Très-Gracieuse Majesté la reine Victoria.

Le gouvernement ne tarde pas à faire un appel nouveau à la bourse des habitants de Canton ; par un décret impérial, la *complète abondance* demande à l'opulente cité une somme d'un million de taëls,

Cet emprunt est équitablement réparti de la manière suivante : quatre cent mille taëls à la charge des mandarins et six cent mille pris sur les marchands. Ceux-ci disent qu'en définitive la somme tout entière sera payée par eux, parce que les mandarins sauront bien leur extorquer les quatre cent mille taëls qui leur incombent. Les malheureux se livrent à des considérations politiques on ne peut plus tristes ; mais, après bien des murmures étouffés. ils finissent par vider leur bourse.

Les généraux chargés de réduire l'insurrection ont grand besoin de numéraire ; le vice-roi des deux Kouang, notre intrépide Siu, continue à n'employer d'autres projectiles que les lingots d'argent. On affirme qu'il est toujours enfermé dans Kao-Tcheou-Fou, et que, bloqué par les rebelles, il leur a fait offrir une somme de trois cent mille taëls s'ils voulaient bien se retirer en lui permettant de sortir de la ville et de s'en aller à Pékin, où il aurait la satisfaction d'annoncer lui-même à l'empereur qu'il a pacifié le Kouang-Si. Mais les rebelles ne tiennent point compte de ses propositions ; ils sont sourds comme les dieux de leur pagode, et vont toujours en avant.

Après s'être emparés, comme nous l'avons dit, de Ping-Lo-Fou, et de Young-Gan-Tcheou, ils prennent successivement Ou-Hièn et Tchao-Ping, qui sont situés à l'est et à l'ouest des deux premières villes. A part Koueï-Lin, la ville de la *merveille isolée*, il n'est pas dans le Kouang-Si une cité, un village, un hameau, qui n'ait subi la loi des rebelles et n'ait adopté le costume des Ming. L'empereur, irrité par ses nouvelles défaites, continue de ranimer à sa manière le courage de ses généraux. Il mande à Saï-chang-ha qu'il ait à reprendre avant quinze jours Young-Gan-Tcheou, faute de quoi les généraux Hiang-ing, Ou-lan-taï et Tièn-san auront la tête tranchée. Cet ordre de vaincre, renouvelé du *Moniteur* de 93, dans lequel certainement Hièn-Foung ne l'a pas lu, ranima singulièrement le zèle des vaillants capitaines, et, le 17 de la 10e lune, ils se mirent en marche pour reprendre la ville de Young-Gan-Tcheou. Les insurgés ne les attendirent pas ; ils vinrent au-devant des troupes impériales, et les attaquèrent d'abord mollement ; mais, au milieu de l'action, ils démasquèrent une batterie formidable dont le feu meurtrier balaya les troupes des malheureux mandarins.

La prise de Young-Gan-Tcheou est suivie de celle de Ou-Tcheou-Fou dans la province de Canton. Un témoin oculaire qui a assisté à cette dernière action affirme que les insurgés formaient divers corps de troupes commandés par des chefs indépendants, mais concourant tous au même but, le renversement de la dynastie tartare. Cette assertion est confirmée par la proclamation suivante, qui fut affichée sur les murs de la ville de Young-Gan-Tcheou, et jette un nouveau jour sur l'histoire de l'insurrection. Voici cette pièce importante :

« Sachez, peuple, que la Chine appartient aux descendants de l'ancienne dynastie ; ne soyez point effrayés, vous, étudiants, fermiers, artisans et négociants, mais restez ferme chacun à votre ouvrage. La fortune de la dynastie des Han est sur le point de refleurir, et la dynastie étrangère des Mantchoux touche à sa fin : c'est un décret du ciel sur lequel il ne peut y avoir d'illusion. Après une longue union, la division doit s'ensuivre. Afin que les choses puissent être sûrement rétablies en publiant des lois, nos souverains ont manifesté leur bienveillance, et, avant de se prosterner devant l'Être suprême, ils ont toujours porté assistance aux malheureux. Après avoir appris à adorer Dieu, ils se sont efforcés de sauver le peuple des calamités ; ils soutinrent le faible, résistèrent au fort, et préservèrent les villages des voleurs et des brigands. Ils ne firent point comme les chefs Taï-té-ou et autres, qui arrêtèrent les jonques dans les rivières, qui pillèrent partout et massacrèrent les habitants des villes et des campagnes, puis qui demandèrent aux mandarins des passe-ports et des saufs-conduits pour se mettre en sûreté. Lorsque nos princes entrèrent dans Young-Gan par la volonté du ciel, ils répandirent leur bienveillance sur tout le monde, et, regardant le peuple comme leurs enfants, ils ordonnèrent à l'armée de s'abstenir de meurtre et de rien prendre sans permission ; ils sont justes et impartiaux comme la balance ; mais, si quelqu'un refuse d'obéir, il sera livré aux officiers de l'armée. Nos princes invitent les habitants de tous les districts à se rendre, afin de mériter la récompense qu'on accordera à leur concours volontaire. Ils attendent maintenant d'être rejoints par les chefs des autres provinces pour réunir leurs troupes et aller attaquer la capitale de Pékin; après quoi ils procéderont à la division de l'empire. »

Cette proclamation, quant aux idées politiques, est la paraphrase de celle de Tièn-tè que nous n'avons pas citée en entier. Une idée y prédomine : c'est celle du fractionnement de l'empire. Ces hommes ont compris que les contrées si diverses dont se compose cet immense empire de la Chine, situées à des distances énormes les unes des autres, et par cela même de mœurs différentes, ne pouvaient rester soumises aux mêmes lois. On peut bien décréter qu'un code unique régira les peuples du Nord et les peuples du Midi; mais l'esprit humain proteste contre cette assimilation. Un vaste empire ne saurait rester libre et aggloméré qu'à la condition de se fédéraliser. Aussi, dans cette circonstance, bien que Tièn-tè soit à Young-Gan-Tcheou, ce n'est pas lui qui prend la parole : c'est un des rois feudataires à venir. La proclamation n'est pas datée de la deuxième année de Tièn-tè, mais de la première année de Tièn-kio.

Ce document ne nous révèle pas seulement les intentions des chefs : il nous initie en quelque sorte à leurs projets; il nous dit de quelle manière ils comptent s'emparer de la suprême autorité. Ces hommes habiles s'inquiètent en réalité fort peu des pays qu'ils traversent et de la soumission des provinces et des départements, bien qu'ils engagent les habitants à se soumettre; ils connaissent parfaitement le côté vulnérable du pouvoir qu'ils attaquent, et vont droit vers ce but. Les chefs, disent-ils, attendent maintenant d'être rejoints par les chefs des autres provinces, afin de marcher avec toutes les forces réunies et de prendre la ville de Pékin; après quoi ils procéderont à la division de l'empire, c'est-à-dire qu'ils savent que, Pékin une fois en leur pouvoir, ils sont sûrs du reste de l'empire. L'empereur se réfugiera-t-il dans une des villes de la frontière tartare pour reconquérir de là son trône?

En voyant un plan si bien conçu, on se demande comment il a été si sagement et si patiemment élaboré. On se demande comment ces chefs qui signent du nom de roi sont acceptés sans protestation par leurs armées nombreuses et quelle sanction a reçue leur autorité. Tout a été, à notre sens, admirablement conduit dans cette affaire, depuis le premier mouvement de Kouang-Si, ballon d'essai que les rebelles lancèrent pour juger des forces sur lesquelles s'appuyait le pouvoir miné des Tsing, jusqu'à la proclamation de Tièn-tè. Cette proclamation a été un acte inspiré par une sagesse profonde : à ces peuples accoutumés depuis des siècles au régime impérial, c'est-à-dire à l'autorité infaillible d'un chef, il ne fallait pas révéler tout d'un coup le projet de fonder un empire fédéralisé. Les lettrés seuls étaient capables de comprendre cette conception, trop élevée pour l'intelligence du vulgaire. Il fallait donc avant tout montrer que l'édifice futur avait, lui aussi, comme l'édifice actuel, sa clef de voûte. C'est dans le silence et dans l'ombre des sociétés secrètes que ce plan a été conçu. Depuis le renversement des Ming et l'introduction des Mantchoux, ces associations clandestines, laboratoire intellectuel des contrées tombant en décadence, n'ont cessé de fonctionner. La plus célèbre de ces sociétés secrètes, la Société des trois principes ou de la Triade, a une organisation puissante. Partout en Chine et dans toutes les contrées où émigrent les Chinois, on trouve des membres de cette association, et les enfants de l'Empire du milieu pourraient presque dire sans exagération : « Dès que nous sommes trois réunis, la Triade est parmi nous. »

Mais dans la forme de la proclamation de Tièn-kio, on reconnaît qu'un élément nouveau, un élément régénérateur, a pénétré dans les sombres asiles où s'élaboraient les projets d'indépendance nationale : c'est l'élément chrétien. Les auteurs de la proclamation de Young-Gan-Tcheou parlent de *décrets du ciel. Ils se sont prosternés devant l'Être suprême après avoir appris à adorer Dieu. Ils se sont efforcés de sauver le peuple des calamités*. Ce sont là des formules inconnues aux Chinois idolâtres et étrangères au langage catholique; c'est au protestantisme que revient l'honneur de les avoir introduites en Chine, et, ainsi qu'on l'a dit, il paraît que réellement, parmi les insurgés, un protestant indigène occupe un rang très-élevé et exerce une autorité très-grande. Ce protestant est, assure-t-on, un disciple de Gutzlaff, le dernier secrétaire-interprète du gouvernement de Hong-Kong.

M. Gutzlaff est mort depuis quelques années. Il était né en Poméranie et avait quitté son pays fort jeune : aussi ne ressemblait-il pas du tout à ces blonds enfants de l'Allemagne, dont la bière entretient la fraîche carnation. C'était un homme intelligent, doué d'une très-grande aptitude pour les langues; à peine passait-il dans un pays qu'il parlait presque immédiatement l'idiome des populations au milieu desquelles il se trouvait. Au début de ses pérégrinations, il avait été missionnaire luthérien, ensuite il s'était mis au service des sociétés bibliques, et, en dernier lieu, sa grande habitude de la langue chinoise lui avait valu la place de premier interprète du gouvernement anglais, position à laquelle étaient attachés de magnifiques appointements. S'il fallait en croire quelques personnes peu bienveillantes, le révérend docteur Gutzlaff aurait voyagé longtemps le livre sacré d'une main et une mesure de l'autre, distribuant des bibles et vendant du drap au plus juste prix, et il aurait parcouru ainsi Java, Siam, les îles de l'Archipel de Tchou-San, quelques îlots voisins de la Corée et du Japon. Quoi qu'il en soit, il nous a laissé des relations de ses voyages dans lesquelles un peu de vérité se mêle aux plus agréables mensonges, mais qui, somme toute, sont intéressantes à lire.

M. Gutzlaff avait su inspirer aux populations chinoises la plus grande confiance ; il était d'une taille moyenne et convenablement gras ; son œil, fortement bridé, rayonnait à fleur de l'orbite sous une paupière épaisse ombragée par des sourcils longs, noirs et touffus. Son visage, aux traits arrondis et au teint quelque peu olivâtre, rappelait le pamplemousse près de sa maturité, ou, si on aime mieux, cette variété de la race humaine qu'on désigne sous le nom de race mongole. Sous ses habits chinois, il ressemblait si parfaitement aux indigènes, qu'il aurait pu parcourir sans être reconnu les rues de la ville murée de Canton.

Un soir, pendant notre séjour en Chine, nous parlions de lui avec le mandarin Pan-se-tchèn, lequel l'avait pris en grande amitié, et l'un de nous témoigna son étonnement de trouver chez un Européen les signes caractéristiques de la race chinoise. Alors le mandarin répondit tranquillement :

— Mais rien n'est plus naturel : le père de Gutzlaff était un Fokienois établi en Allemagne.

Le fait nous paraît tellement extraordinaire, que

nous hésiterions à le mentionner ici, si Pan n'eût affirmé le tenir de M. Gutzlaff lui-même.

Quoi qu'il en soit de son origine plus ou moins chinoise, M. Gutzlaff savait entrer parfaitement dans les idées de ces populations tout à la fois sensuelles et mystiques, et il fonda dans l'Empire du milieu, sous le nom d'Union chinoise (Chinese-Union), une espèce de société secrète ayant pour but la conversion au christianisme des Chinois par les Chinois. Lorsqu'on apprit que sur différents points les rebelles avaient brûlé les statues bouddhiques et renversé les pagodes, on pensa d'abord que quelques légions catholiques étaient mêlées aux rebelles; mais, plus tard, les divers journaux anglo-chinois publièrent que c'était un disciple de l'insinuant missionnaire protestant qui était le chef de cette bande de partisans, dont le zèle se signale par la destruction des monuments idolâtres. Plus tard, peut-être, nous saurons le nom de cet iconoclaste dont nous venons de constater l'influence caractéristique dans le document important que nous avons livré à l'appréciation de nos lecteurs.

CHAPITRE IX.

STRATÉGIE CHINOISE. — INSURRECTION A HAÏ-NAN. — INSURRECTION DANS LES PROVINCES DU HOU-NAN ET DU HOU-PÉ.

Le général tartare résolut de venger les défaites dont le département de Ping-Lô avait été le théâtre. A cet effet, il rassembla la majeure partie des troupes disséminées dans le Kouang-Si, le Kouang-Toung, le Koueï-Tcheou et le Yun-Nan, et marcha contre les rebelles à la tête de treize mille combattants. Une armée chinoise ressemble à une parade de l'Opéra. Les fantassins, vêtus de casaques rouges bordées de blanc, portent sur leur poitrine et au milieu du dos une pièce ovale en calicot blanc sur laquelle est écrit en gros caractères noirs le nom du régiment auquel ils appartiennent. Ils sont coiffés d'un chapeau conique, divisé par tranches de diverses couleurs, et sont armés d'un mauvais fusil à mèche. Les cavaliers, en fort petit nombre dans l'armée impériale, montés sur des rosses efflanquées et mal harnachées, sont empaquetés dans de longues robes bleues, et, dans cet équipage étrange, ils ressemblent bien plus à des femmes musulmanes en voyage qu'aux héros tartares dont nos pères ont eu la représentation dans l'opéra de *Lodoïska*. Ces cavaliers, noyés dans les flots d'étoffe de leurs tuniques azurées, sont armés tout simplement d'arcs et de flèches, comme les guerriers qui étaient au siége de Troie.

Au milieu de ces soldats grotesques vont les porte-étendards, tenant en main une hampe surmontée d'un drapeau, d'une chimère, d'un dragon, ou de quelque autre image fabuleuse. En tête de l'armée marchent les timbaliers : ces hommes frappent en mesure les gongs sonores, et les roulements du tambour se mêlent aux sons graves et retentissants de l'instrument métallique.

L'armée impériale rencontra les rebelles entre deux villes de troisième ordre appelées Ping-Nan-Hien et Tchao-Ping, sur un terrain très-accidenté proche du Koueï-Kiang, dont les rives sont bordées de collines, qui vont s'élevant graduellement. Le général déploya une partie de ses troupes dans une petite vallée, et envoya le reste attaquer de flanc les troupes insurgées. Pendant que les impériaux exécutaient cette manœuvre, le général, accompagné de ses aides de camp, se plaça au centre de l'armée pour diriger les mouvements stratégiques. Les porte-étendards, les timbaliers et les tambours formèrent un double cercle autour de cet état-major, et les officiers de chaque compagnie se placèrent derrière leurs soixante-quinze soldats respectifs.

Pour expliquer ces dispositions, nous devons dire

au lecteur que, dans les armées chinoises, les commandements ne se font pas au moyen de la voix; c'est par le son des gongs que les ordres se transmettent. Un novateur a proposé d'appliquer ce système à l'armée française; mais on a judicieusement pensé que la chose était impossible dans un pays où les oreilles militaires ne sont pas encore faites à l'harmonie. On conçoit que pour user de ce procédé musical il faut absolument que les gongs et les tambours soient toujours à portée des officiers généraux ; quant aux autres chefs de l'armée, ils se tiennent derrière leurs soldats, parce que, ceux-ci étant fort sujets à battre en retraite sans commandement, leurs officiers sont là pour les maintenir à leur poste et les tuer s'ils reculent.

Le silence dans les rangs n'est pas obligatoire; au contraire. Le corps des impériaux s'avança vers les rebelles en poussant d'horribles clameurs, et le roulement lugubre des gongs retentit avec fracas jusque dans les montagnes. A cette harmonie renouvelée du siége de Jéricho, les insurgés parurent frappés de crainte ; ils défendirent faiblement les hauteurs qu'ils occupaient, et se replièrent peu à peu sur d'autres points en abandonnant toutes leurs positions.

Cette espèce de jeu de cache-cache se prolongea pendant plusieurs heures, et les impériaux, fatigués, étaient prêts à abandonner la poursuite de l'ennemi lorsqu'ils débouchèrent dans une vallée où croissaient en abondance des touffes de ces magnifiques bambous qui sont une des richesses de la Chine. Les rebelles se jetèrent derrière ces remparts de verdure, comme pour se dérober à la fureur des impériaux, lesquels eurent la fatale idée de les poursuivre à travers les bouquets de bambous; mais à peine furent ils engagés dans ces oasis perfides, qu'une troupe considérable de rebelles descendit des montagnes, poussant devant elle plus de soixante pièces de campagne.

Le général tartare, se voyant enveloppé, donna le signal de la retraite, c'est-à-dire que les gongs cessèrent leur roulement belliqueux et ne battirent plus que par intervalles; mais il n'était plus temps. Lorsque Ou-lan-taï rentra à son camp, la moitié de ses troupes manquait à l'appel : les uns avaient été tués, les autres avaient prudemment passé à l'ennemi.

Plusieurs fois déjà, dans le cours de cette narration, nous avons donné le nom de tigres aux soldats de l'empereur sans expliquer cette espèce de sobriquet qu'on leur applique fréquemment. Dans l'Empire du milieu, ces braves militaires portent en peinture sur leurs boucliers toutes sortes d'animaux féroces ; la figure du tigre est celle qu'on voit le plus souvent sur ces armes défensives : de là le surnom. Nous trouvons tout cela ridicule, et pourtant quelque chose de semblable existe chez nous. On voit figurer dans nos uniformes militaires, non-seulement le tigre, mais encore le loup et d'autres animaux; les bonnets à poils, les schabraques, et toutes les nippes plus ou moins velues dont s'affublent les grenadiers, les hussards, etc., nous ôtent le droit de rire des tigres de l'Empire du milieu, dont, en définitive, nous ne sommes parfois que les imitateurs.

Les troupes européennes ont même emprunté, dit-on, un autre détail à l'art militaire des Chinois : les Espagnols prétendent qu'autrefois les Portugais inséraient dans leur école de peloton ce risible commandement : *Rosto feroz ao inimigo!* et qu'à cet ordre les soldats prenaient un visage farouche, se retournaient avec un geste belliqueux et montraient les dents à l'ennemi.

Si le fait est vrai, c'est un plagiat : aujourd'hui encore ces pauvres tigres vont au combat avec une pantomime menaçante et en faisant d'effroyables grimaces.

L'échec du général tartare ne découragea pas Siu, le vice-roi des deux Kouang, lequel était toujours enfermé derrière les épaisses murailles de Kao-Tcheou-Fou. Il jura par ses moustaches grêles qu'il aurait sa revanche de la déroute de Ping-Nan-Hien ; et, à cet effet, il emprunta à l'histoire ancienne du royaume de Tsi un stratagème qui rappelle le cheval de Troie et les renards de Samson. Par ses ordres, on réunit quatre mille buffles, et l'on attacha à leurs longues cornes des flambeaux de résine : ce troupeau fut mis sous la conduite de quatre mille soldats, et l'expédition, préparée dans le plus grand secret, partit un soir en se dirigeant vers le camp des rebelles.

D'après ce beau plan, chaque ruminant transformé en *char de feu* devait faire d'effroyables ravages, tuer tous les hommes qui se trouveraient à sa portée et incendier le camp ennemi. Les bataillons encornés s'avancèrent d'abord sans obstacles : les insurgés, avertis de cette ruse insigne, les laissèrent défiler tranquillement ; mais les impériaux n'en furent pas quittes pour une promenade aux flambeaux. Avant qu'ils eussent atteint le camp, l'ennemi, qui observait tous leurs mouvements à la faveur de cette splendide illumination, tomba sur eux à l'improviste, comme tant d'autres fois, et les mêmes scènes de carnage se renouvelèrent.

Cette invention de Siu coûta la vie à plus de deux mille hommes. Ceux qui parvinrent à s'échapper furent poursuivis jusque sous les murs de Kao-Tcheou-Fou, où le vice-roi était tranquillement enfermé. On peut juger sur ce seul fait où en est l'art de la guerre chez les Chinois. Si la presse anglo-chinoise nous en avait seule donné connaissance, nous aurions hésité à le reproduire ici ; mais nous avons pu collationner le récit du *Friend of China* avec les documents chinois authentiques, et ils se trouvent conformes en tous points dans la narration de cette histoire incroyable. Aux yeux des guerriers tartares et des Chinois eux-mêmes, cette invention comique de

Siu passe pour une combinaison stratégique très-ingénieuse.

Et cependant il existe chez eux un traité sur l'art de la guerre, qui est fort apprécié. Ce livre classique en vingt-quatre volumes porte pour titre : *Ou-Pi-Tche*, ou Traité complet de l'art de la guerre.

La lecture en est interdite aux mandarins civils au-dessous du troisième degré, ainsi qu'aux mandarins militaires au-dessous du quatrième, à bien plus forte raison aux simples particuliers. On ne saurait admettre en Chine qu'un marchand, un cultivateur, un lettré, ait un intérêt quelconque, même un intérêt de curiosité, à s'initier à l'art de la guerre. Le détenteur d'un tel ouvrage serait puni sévèrement s'il était un fonctionnaire peu avancé dans la hiérarchie ou un simple lettré.

Les libraires ne peuvent en avoir dans leurs magasins plus d'un exemplaire, et, lorsqu'ils le vendent, ils doivent inscrire sur un registre le nom et l'adresse de la personne qui en a fait l'acquisition, absolument comme en France lorsqu'un pharmacien délivre des poisons. Il est de fait que, si ce livre de stratégie renferme d'aussi belles choses que les inventions de Siu, il ne serait pas prudent de les révéler au vulgaire.

Avant d'entreprendre la guerre contre le Céleste empire, les Anglais se procurèrent plusieurs exemplaires de ce traité. Un jour, à Canton, un marchand américain fit part de cette circonstance à un mandarin d'un grade très-élevé ; à cette révélation, celui-ci frappa de son éventail dans la main gauche et s'écria :

— Je ne m'étonne plus maintenant que ces barbares aux cheveux rouges nous aient vaincus !

Nous avons dit que divers symptômes révélaient en Chine un très-grand malaise intérieur et une tendance à la dissolution. A mesure que nous avançons dans ce récit, de nouveaux faits viennent corroborer notre opinion. La *Gazette officielle de Pékin* annonce coup sur coup que des mouvements insurrectionnels se sont produits dans l'île de Haï-Nan, dans le Hou-Nan et le Hou-pé.

L'île de Haï-Nan est située au sud de la province de Canton. C'est une possession presque aussi importante que celle de Formose. On y récolte en abondance tous les fruits tropicaux, dont on exporte de très-grandes quantités dans les villes principales de l'empire. Les Chinois possèdent Haï-Nan depuis nombre de siècles; mais ils n'ont jamais pu soumettre complétement la race indigène, laquelle habite les districts montagneux du centre de l'île.

Il est très-probable que là aussi les insurgés ont fait alliance avec cette race aguerrie, et qu'ils ont agi avec elle comme ceux du Kouang-Si vis-à-vis des Miao-Tzé. Le fait suivant semble confirmer cette supposition.

Après un grand combat livré aux pieds des grands rochers de Haï-Nan, un chef tartare s'aventura à la poursuite des rebelles jusque dans les gorges étroites de la *montagne des Cinq-Doigts*. Dix jours plus tard, on n'avait pas vu revenir encore ni soldats ni chef. On décida alors de tenter une expédition, ne fût-ce que pour connaître le sort de ces hommes, et, après de longues et périlleuses recherches, on trouva le malheureux capitaine à demi mort de faim. Il était resté seul de sa troupe, et les rebelles l'avaient abandonné dans ces solitudes, après lui avoir coupé le nez et les oreilles.

Les insurgés, ayant trouvé des auxiliaires dans le pays, n'ont pas tardé à s'emparer de Kioung-Tcheou-Fou, qui en est la capitale, et ensuite de toutes les villes de quelque importance. Ce coup de main sur Haï-Nan prouve que les insurgés ont voulu s'assurer d'un point, pour agir plus tard sur le Kouang-Toung et le Fo-Kien.

Le Hou-Nan et le Hou-Pé formaient jadis une seule province que l'on appelait Hou-Kouang. Très-souvent encore aujourd'hui on désigne ces deux pays sous le nom de Hou-Kouang, exactement comme nous disons la Provence, pour désigner les départements qui ont été taillés dans le territoire de l'ancienne province française; et plusieurs fois, dans le cours de ce récit, nous nous servirons de l'ancienne dénomination pour désigner les villes comprises dans les deux circonscriptions provinciales. C'est pourquoi, en suivant sur la carte les progrès de l'insurrection, il faut chercher dans les deux provinces les points indiqués, lorsqu'on a omis de désigner auquel de ces deux pays ils appartiennent.

L'entrée des rebelles dans le Hou-Kouang produisit une sensation profonde à la cour de Pékin. Le gouvernement impérial avait jusque-là atténué ses revers et dissimulé, autant que possible, les inquiétudes de sa situation ; mais, en apprenant que l'insurrection se propage jusque dans le Hou-Nan et le Hou-Pé, il jette le cri d'alarme.

Un exprès est expédié de Pékin à Canton pour annoncer la désastreuse nouvelle. Le messager officiel publie que les insurgés ont opéré leur jonction avec vingt mille Miaou-Tze ; qu'ils marchent vers la capitale et que Soung-Tao-Ting a été détruit. Pendant que ces nouvelles jettent l'épouvante dans Canton, les rebelles s'emparent encore de Toung-In-Fou. Le ministre de la guerre ordonne que dix mille hommes, qui sont dans le Se-Tchouan, soient dirigés immédiatement sur le Hou-Pé, et que toutes les troupes disponibles des provinces environnantes se dirigent sur ce point.

Comme l'action des rebelles se concentre surtout dans le nord de la province du Hou-Kouang, nous allons d'abord donner une esquisse topographique de cette contrée.

Le Hou-Pé est une des provinces les plus pauvres de l'empire. C'est, comme le Kouang-Si, un pays de montagnes ; mais la température y est beaucoup plus froide. Les produits du sol sont analogues à ceux de nos contrées du centre de la France. On y récolte du blé, des légumes, et particulièrement les meilleures citrouilles de l'univers. Les montagnards de Hou-Pé vivent à peu près comme ceux de nos pays ; ils habitent aussi des maisonnettes couvertes de chaume, et se nourrissent encore plus frugalement. Ces pauvres gens sont souvent visités par la famine. L'horrible fléau vient toujours à la suite des perturbations climatériques. Une fois il enleva le tiers de la population.

Dans cette contrée, comme dans le Kouang-Si, les insurgés ont eu pour complices la misère des populations et leur instinct guerrier. En apprenant qu'une partie de la population s'était soulevée dans l'ancienne province du Hou-Kouang, on supposa d'abord qu'il s'agissait d'un mouvement stratégique des rebelles du Kouang-Si : c'était une erreur. L'insurrection du Hou-Pé et du Hou-Nan, bien que tendant au même but, est commandée par des chefs indépendants. Ainsi que nous avons eu occasion de le dire déjà, les troupes, mal payées par le gouvernement impérial, passent aisément à l'ennemi, et l'on apprend qu'un corps d'armée, commandé par Ou-lan-taï, et fort de six mille hommes, s'est joint aux rebelles avec armes et bagages.

Il y a dans les populations une telle tendance à seconder le mouvement insurrectionnel, que le vice-roi des deux Kouang publia un décret pour empêcher les jeunes gens des villes de se former en corps de volontaires. Dans cette pièce, habilement rédigée, le gouverneur général affirme que les troupes impériales suffisent pour combattre l'insurrection, et il remercie ses administrés de leur excès de zèle. En réalité, il sait à quoi s'en tenir; l'expérience lui a appris que ces soldats improvisés, une fois placés sous les ordres des mandarins militaires, et arrivés en face de l'ennemi, s'empressent de déserter.

Comme pour démentir cette assertion que ce sont les rebelles du Kouang-Si qui ont pénétré dans les provinces du Hou-Pé et du Hou-Nan, on apprend que les chefs qui commandent à Koueï-Lin ont concentré toutes leurs troupes disponibles autour de cette capitale, dans la crainte d'être surpris par les insurgés, dont le nombre augmente tous les jours. A ces détails, on ajoute ceux d'une nouvelle victoire remportée sur les troupes impériales dans le nord du Kouang-Si.

Les progrès de l'insurrection dans le Hou-Kouang ne sont pas moins rapides que dans le Kouang-Si, et l'on apprend que les villes de Tao-Tcheou et de Kiang-Hoa, ont été prises presque simultanément, sans avoir opposé une sérieuse résistance. Un chef du Kouang-Si, nommé Taï-ping-wang, fait alors alliance avec les rebelles de Hou-Pé. Cette espèce de confédération menace à la fois divers points, et envahit presque coup sur coup plusieurs localités importantes; Lo-Ting-Tcheou, Houen-Yuen-Fou et

Ho-Che-Fou tombent au pouvoir des insurgés. Dans ces trois villes principales, ils font un butin considérable; ils s'emparent du trésor public et des approvisionnements destinés aux troupes impériales. Selon leur usage, ils respectent la propriété privée, et se bornent à dépouiller les fonctionnaires et à disposer largement des revenus publics. Cette conduite leur concilie la sympathie des habitants, lesquels voient avec une parfaite indifférence la triste fin des pauvres mandarins qui les gouvernent : ces malheureux fonctionnaires, craignant la colère de l'empereur, s'étaient pendus de désespoir. Ainsi, c'est un fait constant, à mesure que l'insurrection s'étend dans les provinces, son action se régularise. Les pillards du Kouang-Si sont devenus tout simplement des chefs de parti, respectant le bien d'autrui, moralisant leurs troupes, et sympathisant avec ceux qui, en définitive, gagnent toutes les causes politiques, avec ceux qui possèdent. Mais, dans cette nouvelle évolution de la force insurrectionnelle, le trône de l'empereur est de plus en plus menacé.

CHAPITRE X.

LE PRÉTENDANT ET DEUX ENVOYÉS OFFICIELS. — CONFESSION ET SUPPLICE DE TIÈN-TÈ. — NOUVEAUX SUCCÈS DES REBELLES.

Tandis que l'armée de Tièn-tè continuait à tenir la campagne, le prétendant, environné de toute sa maison, de ses soldats, de sa garde, s'était établi dans une position très-forte, sur la montagne de Tse-Hing, non loin de Koueï-Lin.

Le gouverneur du Kouang-Si, trouvant que l'occasion était favorable pour entamer une de ces négociations dans lesquelles brillent les diplomates chinois, résolut alors d'envoyer au chef des rebelles une espèce d'ambassade. Ce haut fonctionnaire aurait voulu pacifier la contrée sans effusion de sang, et terminer la guerre par la seule autorité de ces longs et subtils raisonnements, dans lesquels excellent les lettrés de l'Empire du milieu. Nous allons donner, en quelque sorte, le procès-verbal de l'entrevue qui eut lieu entre le prétendant et les envoyés du vice-gouverneur Tseou. Ce document, traduit du chinois, achèvera de faire connaître au lecteur la politique ferme et patiente de Tièn-tè, le prestige qui environne son autorité naissante, et l'attitude qu'il a prise vis-à-vis de l'empereur tartare.

« Tseou, lieutenant gouverneur du Kouang-Si, a envoyé Han-heou, lettré du premier degré, et Tchang-fang-yeou, lettré du deuxième degré, avec trois autres individus, auprès de Tièn-tè, sur la montagne Tse-Hing, pour lui persuader de faire sa soumission.

« Han-heou et ses compagnons, craignant de se rendre, en un moment inopportun, à l'endroit indiqué pour l'entrevue, écrivirent une lettre à Tièn-tè pour lui demander le jour où il les admettrait en sa présence, et résolurent d'attendre sa réponse avant de gravir la montagne. La réponse étant venue, ils s'avancèrent avec leurs bagages ; mais, avant d'arriver au pied de la montagne, ils furent rejoints par un certain nombre de personnes, qui vinrent les saluer et leur servir de guides.

« Quand ils eurent monté la moitié du chemin, ils arrivèrent à une première enceinte, dont la porte, très-élevée, était gardée par des troupes au dedans et au dehors. Ils passèrent ensuite trois autres portes gardées de même, et arrivèrent à une quatrième, où ils furent reçus par une douzaine d'officiers, vêtus à la mode de la dynastie des Mings, lesquels, après avoir proclamé le nom et le rang de chacun, avancèrent poliment, et invitèrent les cinq hôtes à entrer dans la maison destinée aux étrangers, où ils furent traités d'une façon très-somptueuse.

« Leur arrivée fut alors annoncée à Tièn-tè, qui fixa une audience pour le lendemain. D'après cet ordre, le jour suivant, un officier les conduisit par une cinquième porte, où un eunuque leur signifia, de par l'empereur, qu'ils eussent à prendre le costume de la dynastie des Ming. Han-heou et les autres n'osèrent pas désobéir aux ordres du souverain, et revêtirent le costume qu'on leur avait apporté. Leur toilette finie, l'eunuque les conduisit aux marches (à l'escalier) de la cour, où ils furent reçus par Tièn-tè lui-même, qui vint au bas des degrés et les conduisit dans sa demeure, les invitant à s'asseoir, à la manière des hôtes qui visitent un ami. Tièn-tè leur demanda alors dans quel but ils venaient près de lui. Han-heou prit la parole aussitôt et lui exposa, dans un discours très-éloquent, la commission dont il était chargé. Les autres parlèrent à leur tour, employant leurs plus spécieux raisonnements, et citant divers exemples pour engager Tièn-tè à faire sa soumission, et à rendre ainsi au peuple la tranquillité dont il était privé par la guerre.

« Quand ils eurent fini de parler, Tièn-tè leur dit :

« — Maîtres, vous vous méprenez complétement. Comment le prince pourrait-il se soumettre à ses ministres? Je suis le onzième descendant de l'empereur Tsoung-tching, de la grande dynastie des Ming, et maintenant je lève de plein droit des troupes, dans l'espoir de recouvrer mon ancien territoire. Autrefois la rébellion fut cause que la race des Tsing fut invitée par Ou-san-koueï, ministre de la dynastie Ming, à prêter assistance dans le renversement des chefs rebelles Tchang et Li. Mais eux ne s'en tinrent pas là : ils prirent possession du pays, et mes ancêtres, voyant les services rendus par la race des Tsing dans la guerre contre les rebelles, n'osèrent pas les chasser immédiatement, et les laissèrent, eux et leurs descendants, occuper le trône pendant deux cents ans, comme récompense de leur belle conduite. Pouvez-vous dire que cette récompense ne soit pas très-grande? Mais, à présent, fort de mon droit, je lève des troupes pour ressaisir l'héritage de mes ancêtres. La race des Tsing devrait lâcher prise et retourner à son pays natal, chacun occupant son propre territoire ; par ce moyen, les soldats et le peuple jouiraient du repos. Maîtres, vous êtes encore des hommes de l'Empire du milieu, et vous comprenez parfaitement les doctrines de Confucius et de Mencius : pouvez-vous donc avoir entièrement oublié le prince légitime, et rester paisiblement les sujets des étrangers?

« Après ce discours, Tièn-tè ordonna que Han-heou et ses compagnons fussent appelés du nom de Ministres ; il leur donna un grand banquet, et les fit traiter splendidement pendant cinq jours. Ce temps écoulé, les habits qu'ils avaient portés à leur arrivée furent brûlés, et Tièn-tè les accompagna jusqu'aux confins de la montagne, où il prit congé d'eux avec affabilité.

« A leur retour à Koueï-Lin, ils racontèrent leur

aventure au gouverneur. Tseou entra dans une si grande colère, qu'il en tomba malade, et ne put, pendant plusieurs jours, ni manger ni dormir. »

Immédiatement après cette entrevue, le prétendant sortit de sa retraite, quitta les montagnes, et vint s'établir dans le bas pays. Sa présence fut le signal de nouveaux désastres pour les impériaux, qui furent battus en plusieurs rencontres par les légions qui entouraient la personne du prétendant. Ces bandes aguerries s'emparèrent de Lou-Tcheou et se portèrent de nouveau sur Koueï-Lin, qu'ils tentèrent de prendre d'assaut ; mais ils échouèrent devant ces fortes murailles, défendues par une artillerie en bon état, et furent forcés de se retirer après cet échec ; en opérant leur retraite, ils incendièrent les faubourgs et le pont de bateaux qui traversait le fleuve, en face de la *Merveille isolée.*

C'était le général tartare Ou-lan-taï qui défendait Koueï-Lin. En combattant sur les murailles, qu'attaquaient avec furie les insurgés, il reçut une balle dans le genou. La blessure fut jugée très-dangereuse, et la science des Esculapes chinois se trouvant insuffisante daus un cas aussi grave, un exprès fut dépêché à Canton pour réclamer les conseils du docteur Parker, ministre du saint Évangile, interprète du chargé d'affaires des États-Unis en Chine, et médecin par-dessus le marché. Le docteur offrit aussitôt de se transporter auprès du blessé pour faire l'extraction du projectile ; mais son offre ne fut point acceptée, aucun étranger ne pouvant pénétrer au cœur du pays sans violer les lois de l'empire. Ou-lan-taï se mit en route pour venir recevoir à Canton les soins du docteur Parker ; mais, sous l'influence du mauvais traitement médical qu'on lui fit subir, la gangrène envahit la plaie et il mourut en chemin.

Ou-lan-taï était un des meilleurs généraux de l'armée chinoise, ce qui pourtant ne prouve pas qu'il eût de grands talents militaires. Il pratiquait fort cette hâblerie officielle, grâce à laquelle les gens de guerre du Céleste empire obtiennent parfois un rapide avancement.

Peu de temps avant sa mort, les rebelles ayant évacué la ville de Young-Gan pour se porter sur un autre point plus important, Ou-lan-taï se hâta d'entrer triomphant dans la ville déserte, et de faire un rapport dans lequel il se vantait de l'avoir prise sur l'ennemi. C'était une chose toute simple, et la cour de Pékin est accoutumée à entendre de bien plus gros mensonges.

Peu de temps après l'entrevue de Tièn-tè avec les lettrés envoyés par le vice-gouverneur Tseou, un bruit inouï se répand : on affirme que le prétendant a été fait prisonnier, et que Siu, le vice-roi des deux Kouang, l'a expédié à Pékin sous bonne escorte, enfermé dans une cage de fer. D'abord on hésite à croire le fait, et on traite la nouvelle de pure invention; mais bientôt il n'est plus permis de douter, car la gazette officielle de Pékin donne l'arrêt qui condamne Tièn-tè au dernier supplice. D'après les coutumes adoptées dans l'Empire du milieu, cet arrêt est précédé de la confession générale de l'accusé. Voici cette espèce d'acte de contrition :

« Je suis natif de Hang-Chan, dans le département de Hang-Tcheou, et suis âgé de trente ans; mes père et mère sont morts, et n'ai ni frères, ni sœurs, ni femme, ni enfants. Dès ma jeunesse, je me suis adonné aux lettres, et j'ai subi plusieurs examens ; mais comme les examinateurs ne me reconnurent pas de talent pour la composition, et paralysèrent mes moyens, je me fis bonze. Quelque temps après, je quittai la bonzerie pour me présenter de nouveau aux examens, mais je fus refusé comme auparavant. Ceci gonfla mon cœur de ressentiment; je me mis à étudier avec soin les ouvrages sur l'art militaire, ainsi que la topographie des différentes provinces, afin de devenir habile dans la guerre et de renverser le gouvernement impérial. Pendant que j'étais bonze, je vécus dans le silence et la retraite, étudiant de façon à me rendre familières toutes les règles de la stratégie pratiquée depuis les temps les plus anciens jusqu'à nos jours. Je pensais que, par ce moyen, je pourrais promptement exécuter mes projets, et m'emparer aussi aisément de l'empire que s'il suffisait pour cela de tourner la main.

« Étant encore bonze, il y a quelques années, je voyageais dans le Kouang-Toung, et, passant par Houa, je fis connaissance avec Houng-siu-tsiuen et

Foung-yun-chan, tous deux lettrés de grand talent, mais malheureux comme moi dans leurs examens. Ils avaient parcouru les deux Kouang, et formé une association des individus les plus déterminés de la société des trois principes. Chacun des initiés prêtait serment de vivre et de mourir avec eux, et de les aider de tout leur pouvoir. Le nombre des adeptes augmenta rapidement, et on commença à craindre que la désunion ne s'établît parmi eux. Alors, Houng-siu-tsiuen apprit à pratiquer la magie et à parler avec les diables, et Foung-yun-chan forgea une histoire sur un « Père céleste, un Frère céleste et Jésus ; « racontant comme quoi le Frère céleste descendit « du ciel, et que tous ceux qui voudraient servir le « Père céleste apprendraient où se trouvent leurs « plus grands avantages ; qu'avant sa mort, il n'occu- « pait qu'un petit palais du ciel, mais que depuis qu'il « a été mis à mort par les hommes, il est assis dans « un grand palais du ciel. » Avec ces paroles *enflammantes*, ils se sont attaché les membres de l'association de manière que personne ne les quitte.

« En décembre 1850, lorsque leur nombre et leur puissance devinrent grands, j'allai au Kouang-Si, où je vis Houng-siu-tsiuen ; il avait engagé plusieurs gradués du Kouang-Toung pour commencer le pillage et attaquer le gouvernement. Les membres de la confrérie suivirent de bonne volonté ces individus, leur livrant leurs personnes, leurs familles, leurs biens, tout, en un mot, de façon qu'il y eut de l'argent pour acheter des chevaux et enrôler des troupes. De ce moment, leurs espérances grandirent, et ils prirent le nom de Société du Chang-Ti.

« Quand j'arrivai au Kouang-Si, Houng-siu-tsiuen m'appela son digne frère; il m'honora du titre de roi Tièn-tè (*vertu céleste*), et prit de moi des leçons dans l'art de la guerre. Il s'appelait lui-même roi Taï-ping (grand pacificateur); Yang était général en chef avec des pouvoirs civils, et prenait le titre de roi de l'Est; Siu était lieutenant général de l'aile droite avec le titre de roi de l'Ouest; Foung était général de l'avant-garde avec le titre de roi du Midi; Wei était général de la réserve avec le titre de roi du Nord.

« On fit aussi des ministres : ainsi Che fut nommé ministre des affaires civiles et roi de l'aile droite; Tsin fut chargé du ministère du revenu et roi de l'aile gauche; Ou-laï et Tsang furent généraux de la garde; Tchou fut nommé juge, et Tsang, Yu-sin et Lo furent lieutenants généraux. Il y avait beaucoup d'autres officiers, dont j'ai oublié les noms, qui commandaient les uns à trois cents hommes, les autres à cent. Dans le combat, tout individu qui tournait le dos était exécuté, et son officier sévèrement puni, tandis que des récompenses et des grades étaient accordés à ceux qui remportaient la victoire. Les troupes du gouvernement nous tuèrent beaucoup d'hommes. J'appelais Houng-siu-tsiuen mon frère aîné, et nos subordonnés nous appelaient tous deux

Votre Majesté; mais nous autres nous appelions chacun d'eux par son nom propre.

« Le 27 août 1851, nous prîmes Young-Gan, après avoir mis en déroute les troupes impériales. Houng et moi y entrâmes en palanquin, et allâmes nous installer dans la résidence officielle que l'on appela la Cour, et où on ne permit à personne de demeurer. Ce Houng-siu-tsiuen reçut de moi toutes les connaissances stratégiques qu'il a ; mais notre manière de voir ne s'accordait pas toujours : je regardais cette place comme trop peu importante, et je lui demandais souvent pourquoi il donnait le titre de *rois* à tant d'individus. En outre, il avait une grande confiance dans la pratique de la magie, quoique, même dans les anciens temps, personne ne soit arrivé au trône par ce moyen. Ajoutez à cela qu'il était adonné au vin et au libertinage, ayant avec lui trente-six femmes. Je désirais au fond du cœur apprendre sa défaite et sa destruction, car, sans lui, je serais arrivé à m'emparer du pouvoir.

« A cette époque, Wei-tching dirigeait les combats avec les troupes, ce en quoi il était habile et infatigable. C'était un homme très-courageux, qui, avec mille hommes, venait facilement à bout de dix mille impériaux. Pendant les quelques mois que nous occupâmes Young-Gan-Tcheou, que nous appelions notre cour, tous nos officiers nous faisaient des rapports sur les affaires de l'État : on publia un calendrier sous la direction de Young, où on ne fit pas entrer la lune intercalaire; mais je ne pris à cela aucune part.

« Quand l'entrée dans la ville fut interrompue, que le riz, la poudre et les autres munitions commencèrent à manquer, il nous vint à l'idée que, les membres de notre association étant très-nombreux dans le Kouang-Toung et dans le département de Ou-Tcheou, il fallait prendre courage, et tenter de sortir de notre prison pour aller les rejoindre. Le 7 avril, nous organisâmes une sortie, divisant nos forces en trois bandes. Vers huit heures du soir, Wei-tching sortit avec six mille hommes, Yang et Foung sortirent à dix heures avec six mille hommes, emmenant avec eux Houng siu-tsiuen et ses femmes avec des palanquins, des chevaux et les bagages. Vers deux heures du matin, Siu et moi sortîmes avec quinze cents hommes; nous trouvant à une lieue de distance de la colonne de Houng-siu-tsiuen, les troupes nous attaquèrent, et Siu, n'ayant pas suivi mes ordres ni mes signaux, nous fûmes mis en déroute; plus de mille hommes furent tués, et moi je fus fait prisonnier. C'est moi qui avais donné l'ordre au fort de l'Est de faire feu quand nous sortîmes de la ville, et qui avais fait mettre le feu aux maisons afin de faciliter notre sortie.

« Mon vrai nom n'est pas Houng, mais je l'ai pris depuis que j'ai contracté amitié avec Houng-siu-tsiuen. Je portais des habits brodés et un chapeau jaune élevé; les quatre rois avaient des chapeaux semblables brodés de rouge. Le reste des grands officiers portaient des tabliers jaunes brodés lorsqu'ils allaient au combat, et tenaient des drapeaux jaunes. Dans le palais officiel, je portais une robe jaune; mais ce n'est point de mon choix que je me suis assis sur le trône impérial.

« Cette confession est véridique. »

Dans cette pièce, très-probablement composée par quelque lettré de Pékin, il est aisé de reconnaître l'intention perfide de compromettre les chrétiens : c'est l'union chinoise, la société secrète fondée par Gutzlaff qui est signalée surtout comme ayant fourni son contingent à l'insurrection. Ainsi, jusqu'à présent, ce sont les *Chang-Ti* seuls, c'est-à-dire les protestants, qu'on accuse d'avoir levé l'étendard de la révolte. Nous ne savons en réalité ce qui en est de ces insinuations, mais il serait fort singulier que dans le monde entier le même fait se produisît à la même heure : en effet, tandis que les nations catholiques semblent sommeiller en Europe, les nations protestantes s'agitent, grandissent et prennent la plus grande place dans ce vaste univers. Il est vrai qu'au temps de leur ferveur religieuse, les Portugais et les Espagnols ont fait d'aussi grandes choses que celles qu'accomplissent aujourd'hui l'Angleterre et les États-Unis.

La confession de Tièn-tè avait produit un grand effet, et l'on se racontait encore son supplice, lorsqu'on apprit que le Tièn-tè exécuté à Pékin était apocryphe, et que le vrai Tièn-tè était bien vivant dans les montagnes du Kouang-Si, où il continuait à exercer son influence occulte, et à observer les progrès de l'insurrection.

Cette comédie politique avait été jouée par l'ingénieux Siu, lequel, s'étant emparé d'un petit chef rebelle, en avait fait hardiment une contrefaçon du prétendant, et l'avait envoyé à Pékin avec l'étiquette de Tièn-tè.

Les rebelles se montrent à la fois sur divers points, et toujours les impériaux reculent devant eux ; ces marches et ces contre-marches n'offrant pas un grand intérêt, nous ne citons pas les noms des localités qui en ont été le théâtre.

Vers cette époque, on se préoccupa beaucoup d'un fait dont nous sommes loin de garantir l'authenticité : le bruit s'est répandu tout à coup que Tièn-tè a quitté sa retraite; qu'il s'est porté avec ses troupes sur le Hou-Kouang, et que, s'étant emparé du district de Tchang-Cha, il a donné l'ordre d'élever un temple à l'Être suprême. Nous le répétons, ce fait n'est pas probable ; s'il était vrai, nul doute que, tôt ou tard, les catholiques ne se joignissent au mouvement insurrectionnel.

N'omettons pas de signaler ici une nouvelle manœuvre des rusés mandarins : nous avons déjà dit que, en diverses circonstances, ils ont cherché à exciter des craintes chez les Européens, relativement aux conséquences qui résulteraient pour eux des succès des rebelles. A cet effet, ils ont répandu d'abord le bruit que l'intention de Tièn-tè était de fermer aux barbares les ports de la Chine, et, plus tard, ils affirment que c'est sur Canton que se portent tous les efforts de Tièn-tè, et qu'il a juré qu'au premier de l'an chinois il viendrait prendre son repas dans ce port fréquenté par les Européens. Tout, au contraire, dans la conduite de Tièn-tè, prouve l'intention bien arrêtée de rester avec les nations chrétiennes dans les meilleurs rapports.

Au lieu de s'avancer vers Canton, les rebelles ne se sont montrés dans la province que pour sonder l'esprit des populations et s'assurer au besoin une retraite par mer. D'ailleurs, n'avons-nous pas par devers nous une preuve évidente que Tièn-tè n'est pas hostile aux Européens, aux chrétiens? Parmi tant de missionnaires disséminés jusqu'au cœur de l'Empire du milieu, il en est plusieurs qui habitent le Kouang-Si et les autres provinces occupées par les rebelles; eh bien! pas un n'a souffert la moindre violence, aucun bruit sinistre ne nous est parvenu depuis le commencement de l'insurrection.

Le lecteur trouvera peut-être que nous prêtons au descendant des Mings une personnalité trop remarquable, et que, comme la plupart des historiens qui ont à retracer une figure politique, nous attribuons au héros de notre récit des intentions, des calculs, des combinaisons profondes auxquelles il n'a jamais songé; en ce cas, nous pouvons répondre par les documents mêmes que le lecteur a sous les yeux et qui émanent du prétendant. Après cette lecture, il n'est personne qui ne convienne avec nous que Tièn-tè possède une rare sagacité politique, une incontestable supériorité d'esprit, et par-dessus tout cette énergie active et patiente, particulière aux hommes élevés en quelque sorte dans l'ombre des sociétés secrètes.

CHAPITRE XI.

RÉVOLTE A FORMOSE. — LA FAMILLE DES LIN. — LE DIEU KOUAN. — UN ASSAUT AQUATIQUE.

Nous l'avons dit depuis longtemps, il y a entre la civilisation chinoise et la nôtre plus de rapports qu'on ne le pense généralement, et les similitudes sont encore plus nombreuses que les différences. Cette opinion était celle de plusieurs voyageurs, et surtout des laborieux jésuites de Pékin, auxquels on doit même reprocher trop d'engouement pour les Chinois ; mais, depuis que ces hommes érudits ont cessé d'écrire, personne, à part ceux qui les ont pillés, n'a publié sur l'intérieur de la Chine, sur les mœurs, les idées, la vie privée des Chinois, quelque chose de complétement exact. La vérité est que ce pays s'est arrêté dans la voie des modifications progressives, et que, sur certains points, il en est encore où en était l'Europe il y a trois siècles. C'est ainsi que nous voyons souvent se produire au milieu de ses populations, tout à la fois policées et barbares, des faits qui nous paraissent incroyables, des actes d'une solennité puérile et sauvage.

Voici ce qu'on racontait à Canton au mois de juin 1852 :

Deux chefs rebelles, Houng et Ki, ont fait entre eux le serment du sang, c'est-à-dire qu'ils ont juré de vivre et de mourir ensemble en combattant pour la même cause, et, à cet effet, après avoir déposé les habits tartares et pris le costume austère du temps des Mings, ils sont allés dans un lieu désert sur les bords de la mer, et là, en présence de quelques amis, le plus âgé a ouvert au plus jeune une des veines de la main, et a reçu dans une tasse le sang qui s'est écoulé de la blessure ; ensuite il a passé l'instrument tranchant à son ami, lequel lui a rendu aussitôt le même service. Après cette petite opération, on a mêlé au sang des deux amis une certaine quantité d'eau, et versé le tout dans une de ces coupes de métal dont on se sert dans les cérémonies du mariage. Alors Houng et Ki ont bu alternativement jusqu'à la dernière goutte ce liquide sanglant. Dès ce moment, le même sang est censé couler dans leurs veines, et ils sont unis d'un lien qu'ils ne sauraient rompre sans se couvrir d'infamie. C'est pourquoi ils se sont servis de la coupe des fiançailles comme les jeunes époux entre lesquels tout est désormais commun.

Quand l'Oreste et le Pylade de l'Empire du milieu eurent ainsi consacré leur union, ils conçurent le projet de propager l'insurrection dans l'île de Formose, et partirent suivis d'un grand nombre de partisans.

L'île de Formose est située au sud-est de la province du Fokien ; c'est la plus grande possession chinoise indépendante du continent. Cette île a toujours été un foyer de rébellion ; conquise à grand'peine, elle s'est souvent, et pendant de longues années, soustraite à l'autorité des mandarins. Le célèbre corsaire Ko-chin-ga était parvenu à faire de Formose un beau petit royaume indépendant ; mais les Chinois finirent par abattre cet usurpateur à l'aide des projectiles irrésistibles qu'ils emploient si efficacement dans toutes leurs guerres.

Depuis longtemps Formose est exploitée par les Chinois, par les Fokiénois surtout, qui ont entouré le littoral de magnifiques plantations de cannes à sucre. Mais l'intérieur du pays est peuplé, comme les montagnes de Haï-Nan, d'une race insoumise qui, jusqu'à ce jour, a bravé les décrets de l'empereur et l'autorité des mandarins.

Le gouvernement chinois entretient à Formose

une nombreuse garnison, et c'est là qu'il forme ses soldats les plus aguerris.

On sait combien les habitants du Céleste empire sont impressionnés par l'idée de laisser leurs os loin de la Terre des fleurs; aussi le gouvernement, pour enlever à des gens dont le métier est de se faire tuer la crainte d'être enterrés hors de leur patrie, fait transporter à Emouï tous les militaires qui meurent dans l'île. Nous avons vu nous-mêmes les sépultures de ces héros morts en défendant les champs de cannes des colons de Formose : ce sont de modestes tombes bâties en forme de fer à cheval symétriquement construites sur les collines parfumées d'Emouï, à l'ombre des magnolia aux feuilles ondulées, des plumeria dont les fleurs à peine épanouies tombent comme des flocons de neige, et des mimosa odorants, dont les houppes jaunes embaument l'air. Là, chacun a sa place à part dans une enceinte commune : c'est comme une ruche funèbre où chacun repose en paix dans son alvéole solitaire.

Ici encore les rebelles se sont portés sur un point où, dès leur arrivée, ils ont trouvé des alliés dans la race indigène. Haï-Nan et Formose n'occupent pas un grand espace sur l'immense carte de l'Empire du milieu, et la perte de ces possessions n'ôterait qu'un imperceptible fleuron à la couronne du Fils du ciel; mais elles sont considérées comme des points stratégiques d'une grande importance; on peut surveiller de là les côtes du Kouang-Toung et du Fokien, et entraver le passage des jonques qui se rendent dans le nord de l'empire. D'ailleurs, si les peuples turbulents du Fokien s'insurgeaient en opérant leur jonction avec ceux de Formose, ils formeraient à eux seuls une armée contre laquelle les Tartares pourraient difficilement lutter.

On ne sait encore quel a été le résultat des tentatives de Houng et de Ki ; on a appris seulement qu'ils avaient été heureux dans les premiers combats livrés aux impériaux ; mais ceci ne doit rien faire préjuger sur les événements subséquents.

Comme nous l'avons dit déjà, les Chinois entretiennent à Formose leurs meilleures troupes. Ce pays est pour la Chine ce qu'étaient jadis le Caucase pour la Russie et le Pandjab pour l'Inde anglaise : c'est là que les soldats chinois font leur éducation militaire ; mais il faut avouer que cette école n'a pas encore produit de généraux bien célèbres.

Les insurgés de l'île Formose, comme ceux du Kouang-Si et du Hou-Kouang, portent un turban rouge maintenu par de longues épingles de métal qui traversent les cheveux rassemblés en touffe sur le sinciput ; c'est la véritable coiffure à la chinoise. Lorsque les dames françaises relèvent leurs cheveux à la chinoise, elles adoptent une coiffure qui ne ressemble nullement à celle des dames de l'Empire du milieu, mais qui est une imitation fort exacte de la coiffure des Chinois d'il y a deux cents ans. Cette mode, que les insurgés rétablissent actuellement, datait de plusieurs siècles ; espérons que nous-mêmes, un jour, nous restaurerons les ailes de pigeon et la queue.

Les trois provinces du Hou-Nan, du Hou-Pé et du Kouang-Si sont toujours occupées par les insurgés. Siu a préparé une nouvelle expédition, et une grande bataille a été livrée aux environs de Lo-King-Chan ; mais, comme à l'ordinaire, les tigres ont été vaincus. Le général qui commandait l'armée impériale a perdu plus de quinze cents hommes, et lui-même a été fort heureux d'échapper à la poursuite obstinée de l'ennemi.

Le danger est tellement pressant dans le Hou-Kouang, que le vice-roi de cette ancienne province, c'est-à-dire du Hou-Nan et du Hou-Pé, lève à ses frais un corps de quatre mille hommes, et consacre une somme de deux cent mille taels aux frais de la guerre. Malgré ce don patriotique, et les mesures énergiques du haut fonctionnaire qui a donné une si belle preuve de son dévouement, les insurgés poursuivent leur marche envahissante dans le Hou-Pé, où ils s'emparent du poste de Koung-Fa ; ils se portent ensuite sur Young-Tcheou-Fou, et, plus tard, Houang-Cha-Ho, et Tchouen-Tcheou tombent successivement entre leurs mains. Aucune violence ne marque leur passage ; cependant à Kia-Ho, sur l'extrême frontière de Hou-Nan, une bande de pillards passe après les insurgés, et commet de nombreuses exactions. Ce fait isolé, et dont les époques de luttes violentes, de guerre intestine ou étrangère, offrent de si nombreux exemples, ne saurait être imputé aux chefs des révoltés.

Jusqu'alors l'insurrection avait toujours avancé triomphante ; mais enfin quelques revers vinrent interrompre cette série de succès inouïs. Les rebelles, attaqués à Tchao-Tcheou-Fou par les impériaux, perdirent dans cet engagement plus de deux cents hommes, et un nombre égal de prisonniers resta au pouvoir de l'ennemi. Quelques jours plus tard, ils furent encore défaits à Young-Tcheou-Fou, et, vers la même époque, ils essuyèrent un échec encore plus terrible. Leur flottille poursuivait la flotte ennemie en dirigeant contre les jonques impériales des bateaux incendiaires. Pendant cette manœuvre, le vent ayant tourné subitement, leurs propres navires furent dévorés par les flammes. Mais bientôt les insurgés prirent une cruelle revanche : ils emportèrent d'assaut Koueï-Yang, dans le Hou-Nan, et s'y comportèrent comme en pays ennemi ; tous les édifices publics furent incendiés, dix mandarins eurent la tête tranchée, et tous les principaux habitants durent racheter leurs biens et leur vie en payant une énorme contribution. La famille Lin elle seule fut obligée de verser dans le trésor des insurgés la somme de deux cent mille taels.

Les Lin sont la plus puissante maison de ce riche district.

Il existe encore dans chacune des dix-huit provinces de l'Empire du milieu plusieurs de ces familles dont l'origine est si ancienne, qu'en comparaison les Montmorency sont des nobles d'hier. Leur hiérarchie intérieure est tout à fait patriarcale ; trois ou quatre générations vivent sous le même toit, soumises à l'autorité d'un aïeul vénéré ; elles mettent en commun le fruit de leur travail, et accumulent ainsi de grandes richesses ; souvent ces familles sont mentionnées dans les édits impériaux comme donnant l'exemple des plus hautes vertus, et elles sont entourées d'une très-grande considération.

Nous venons de dire que, dans ces maisons patriciennes, chaque individu apportait à la masse commune le fruit de son travail ; ceci nécessite une explication : par un préjugé contraire au nôtre, en Chine, l'homme qui vit de son revenu est beaucoup moins considéré que celui qui vit de son travail. Pour éviter l'espèce de blâme attaché à l'oisiveté, les gens les plus riches se font un devoir d'exercer quelque profession libérale ; ils ne dédaignent même pas les occupations manuelles, et tel personnage dont le père et le frère commentent Confucius peint des écrans et des éventails.

Les exactions des rebelles furent motivées très-probablement par la vigoureuse défense qu'on leur avait opposée ; à Ping-Gan, où la garnison ne fit aucune résistance, les insurgés se contentèrent de la minine somme de cinquante mille taels, après quoi ils se retirèrent et se portèrent sur Yen-Tze-Che. Après leur départ, la garnison reprit tranquillement ses postes, et les choses suivirent leur cours ordinaire : il n'y eut que cinquante mille taels de moins dans la poche des habitants.

Dans le mois de septembre 1852, Tièn-tè vient s'établir avec toute sa cour et la garde dévouée, qui ne le quitte jamais, dans la ville de Hing-Gan, située dans le nord du Kouang-Si, à une petite distance de Koueï-Lin et sur la lisière du Hou-Nan. Il se trouvait ainsi à quelques lieues seulement de l'ingénieux et prudent Siu. Malgré cette proximité inquiétante, le vice-roi n'abandonne pas la position qu'il occupe ; on dirait qu'une espèce de trêve a été convenue tacitement ; les insurgés et les impériaux gardent leurs positions respectives sans tenter aucun engagement. Il est hors de doute que les insurgés disposent de forces très-imposantes, puisque Siu n'essaye pas de débusquer le prétendant du point central qu'il a choisi.

Hing-Gan est une ville murée moins grande que Koueï-Lin, mais admirablement située. Tièn-tè s'y trouve en quelque sorte au cœur de l'insurrection. Il peut, par le Kouang-Si, communiquer avec Haï-Nan et Formose, et il est aux portes du Hou-Nan, à une petite distance du Yang-Tze-Kiang, cette route mobile qui tôt ou tard le conduira à Nankin et peut-être dans la capitale de l'empire. D'ailleurs, son rôle d'Agamemnon l'oblige à une grande réserve ; le roi des rois peut bien diriger les divers mouvements de son armée, mais il évite de prendre part à l'action. Le descendant des Mings ne pourrait sans compromettre sa cause exposer sa personne sacrée. C'est le danger de tous les édifices politiques qui ont une clef de voûte pour soutien : si une commotion quelconque détache la pierre principale, tout s'écroule. Tièn-tè le comprend si bien, qu'il n'a jamais vu de près le danger. Après le combat, les rois ses futurs vassaux lui envoient leurs grands officiers pour lui rendre compte des événements.

Le projet de former un empire fédéral devient de plus en plus manifeste.

On a vu que Tièn-tè, dans son entrevue avec les envoyés du gouverneur du Kouang-Si, s'exprime formellement à ce sujet. « Que les Tsings, dit-il, lâchent prise, qu'ils rentrent dans leur pays, et les peuples rentreront dans le repos. » Il ne nie pas les services que les Tartares ont rendus à la Chine, et il traite Hièn-foung de Majesté, espérant peut-être qu'un jour celui-ci reconnaîtra sa suzeraineté. Poursuivant toujours un plan de fédération, les rebelles du Hou-Nan, concentrés à Houeï-Yang et Young-Hing, ont proclamé une royauté nouvelle : ils datent de la première année de Ming-ming. Le monarque récemment intronisé arbore sa bannière et appose au bas de ses décrets le sceau royal. Selon l'ancien usage, l'administration se compose des ministres, de trois Koung, de neuf King, de vingt-sept Tchou-heou et de quatre-vingt-un Se.

Le pouvoir du nouveau roi est absolu, mais rien dans ses actes ne peut faire supposer qu'il dénie au descendant des Mings son droit de suzeraineté. D'ailleurs, les succès des insurgés sont de plus en plus rapides dans le Hou-Nan ; ils occupent la plupart des villes départementales, et, après un combat qui a duré cinq jours, ils se sont emparés de Kia-Ho-Tcheou et de Y-Tchang.

Les émissaires de Tièn-tè se répandent dans toutes les provinces. L'un d'eux arrive à Canton ; il pénètre auprès des fonctionnaires chinois et même auprès des agents des gouvernements étrangers, auxquels il fait connaître les progrès de l'insurrection. On apprend par lui que l'armée des rebelles, forte de quatre-vingt mille hommes, est concentrée à Kin-Tcheou-Fou, dans le Hou-Pé ; qu'elle est commandée par des généraux égaux en droits, et que ces rois de l'Attique chinoise délibèrent s'ils descendront par le Yang-Tze-Kiang jusqu'à Nankin ou s'ils remonteront vers le Se-Tchouan.

Ces nouvelles provoquent les mesures fiscales par lesquelles on se procure le nerf de la guerre. Les mandarins imposent à tous les habitants un impôt supplémentaire équivalant au dixième de leur revenu. D'autre part, la *Gazette de Pékin* annonce que l'empereur a pris trois millions de taels sur sa cassette pour fournir aux frais de la guerre. Cet exemple n'excite nullement la générosité patriotique des particuliers, et les agents du gouvernement eux-mêmes ne vident pas leur bourse ; ils se bornent à des protestations de dévouement et à des vœux enthousiastes. Le sous-gouverneur général du Kouang-Si transmet sous forme de rapport à la cour souveraine le récit d'une vision qui a rempli son âme de courage et d'espoir. Voici cétte pièce curieuse :

« Tseou-ming-ho, gouverneur du Kouang-Si, présente ce mémoire à genoux, priant Sa Majesté de reconnaître par de nouveaux titres la protection accordée à l'empire par certains dieux.

« Depuis que cette dynastie gouverne l'empire, l'énergie majestueuse du dieu *Kouan* s'est déployée d'une façon très-remarquable, et les empereurs lui ont successivement décerné des honneurs, érigé des temples et offert des sacrifices. Dans ce temps-ci, lorsque la ville de *Koueï-Lin* a été attaquée par les rebelles, aux moments du danger, je me suis rendu respectueusement dans son temple, j'ai brûlé des parfums devant lui et l'ai prié de sauver la vie au peuple. Il est arrivé une fois qu'après une semblable prière on a trouvé, en creusant derrière la pagode, vingt-cinq pièces de canon, fondues par les *Mings*, lesquels canons firent preuve d'une grande force et nous servirent beaucoup, car ils ont tué la plupart des rebelles restés sur le champ de bataille.

« A différentes époques, nous apprîmes par des

espions envoyés par les rebelles, ainsi que par des prisonniers, que toutes les fois que les rebelles serraient la ville de très-près, ils voyaient une lumière rouge briller au-dessus, et un cavalier brandir une épée par un mouvement continuel. Le cheval était gigantesque, les gardes qui entouraient le personnage mystérieux étaient d'une taille démesurée, de façon que leur simple vue suffit pour effrayer les rebelles et les faire succomber.

« Je suis informé, en outre, que le 13 de la troisième lune, la nuit étant obscure et pluvieuse, les rebelles firent descendre, à la quatrième veille, plus de cinquante jonques derrière le rocher dit le Nez de l'Éléphant, avec l'espoir qu'à la faveur de la nuit et du bruissement de la pluie leur expédition arriverait inaperçue et qu'elle pourrait effectuer un débarquement. Il arriva cependant que leur marche fut arrêtée par un vent du nord très-violent, et il apparut sur la surface des eaux un cavalier armé d'une brillante cuirasse, lequel faisait signe aux troupes impériales d'avancer et de repousser les rebelles. Au même instant, au milieu de l'obscurité du ciel, apparut soudain une immense lanterne lumineuse portant ces mots : *Grande félicité.*

« Maintenant, je considère que lorsque les rebelles furent battus devant la ville, nos soldats se trouvant tous près des embrasures du mur d'enceinte, le cavalier qui apparut aux rebelles brandissant son épée dans une lumière rouge ne pouvait être autre que le dieu *Kouan*, qui manifestait sa présence pour nous venir en aide. Quand nos troupes repoussèrent les rebelles et détruisirent leurs vaisseaux, ce ne pouvait pas être l'un d'eux qui galopait sur les eaux comme sur la terre ferme, et d'ailleurs les mots qui apparurent sur la lanterne au haut des airs ne permettent pas de douter que ce ne fût l'esprit du dieu de la Grande félicité.

« Sous les différentes dynasties, ce dieu accorda des faveurs que les souverains reconnurent par des titres honorifiques nouveaux. Dans la vingtième année de *Tao-kouang* (1841), l'image du dieu ayant été portée en procession, à cause d'une affreuse sécheresse qui brûlait la province, on obtint par là aussitôt des pluies douces et abondantes. L'empereur, à qui le fait fut rapporté, envoya, pour être suspendue au milieu du temple, une inscription de sa propre main qui disait : « Le secours a été immense comme la « bonté de ce dieu puissant. » Maintenant que les rebelles ont été heureusement repoussés et qu'ils se cachent de honte, j'ose demander à Votre Majesté s'il ne conviendrait pas de témoigner notre reconnaissance au dieu *Kouan*, roi de la Grande félicité, en ajoutant quelque nouvelle qualification aux titres qu'il porte déjà. De cette manière, la crainte et le respect se répandront partout, et le pays jouira d'un repos sans fin.

« Je me suis consulté avec le commissaire impérial, le grand ministre Saï-chang-ha, ainsi qu'avec le gouverneur général Siu, qui se joignent à moi dans cette pétition. »

Malgré cet heureux présage, les impériaux sont battus sur tous les points, et les insurgés occupent successivement le district de Ho-Tchang-Tsan, à quinze lieues de Tchao-Tcheou-Fou, Taï-Lin, Tao-Tcheou et Kiang-Hoa. Au milieu de cette série monotone de victoires et de conquêtes, il arriva un fait réjouissant dont nous empruntons le récit au journal officiel : les rebelles ayant pris d'assaut Tao-Tcheou, une grande fureur s'empara des troupes impériales; elles jurèrent de reprendre la ville ou d'exterminer ceux qui la défendaient. A cet effet, une armée de quarante mille combattants vint assiéger Tao-Tcheou, et un grand nombre de guerriers monta courageusement à l'assaut; le combat fut très-meurtrier; les tigres tuèrent trois mille insurgés et firent cent prisonniers, sans pouvoir cependant entrer dans la ville. Après cette victoire, les assiégés, frappés de terreur, se retirèrent derrière les remparts et s'y tinrent coi sans qu'aucune provocation pût les déterminer à accepter de nouveau la bataille. Alors les tigres élevèrent autour de la ville un mur de vingt pieds d'épaisseur et qui n'avait qu'une seule ouverture, après quoi ils détournèrent la rivière de Tao-Kiang, et inondèrent la ville. Le journal officiel néglige malheureusement de nous dire quel fut le résultat de cette manœuvre aquatique. Il est probable que les troupes du prétendant en auront été quittes pour un bain plus ou moins complet, et que, dans la ville assiégée, les rongeurs seuls auront péri submergés. Ce serait la première fois que les rats auraient été les victimes des tigres.

L'année 1852 se ferme sur ces désastres; partout où les impériaux s'étaient trouvés en présence des rebelles, ils avaient été presque constamment battus, et l'on voyait l'insurrection s'étendre comme le fleuve Jaune lorsqu'il a rompu ses digues. L'empereur punit les généraux et les hauts fonctionnaires des revers qu'ils viennent d'essuyer à son service. Saï-chang-ha est rappelé à Pékin. Un décret livre ce haut fonctionnaire au conseil d'État en compagnie du vice-roi du Hou-Kouang et du sous-gouverneur du Hou-Nan. Ces fonctionnaires sont menacés de la dégradation et peut-être du dernier supplice; c'est ainsi que procède la cour de Pékin, et le Fils du ciel sait forcer les grands mandarins à prendre au pied de la lettre la formule : Vaincre ou mourir. Siu est appelé à remplacer Saï-chang-ha en qualité de commissaire impérial dans les deux Hou, et Y lui succède dans la vice-royauté de Canton. Nous ne donnons pas le texte de la dégradation de Saï-chang-ha. Déjà nous avons cité un modèle du genre en insérant dans le troisième chapitre de ce travail le décret impérial qui dégrade Mou-tchang-ha et Ki-in. Nous dirons seulement que le gouverneur et le vice-gouverneur des deux Hou sont accusés de la défaite des impériaux dans les villes de Kiang-Hoa, le 24 juillet, et d'Young-Ning, le 29 du même mois; c'est le crime de désobéissance que l'empereur punit ainsi. Il leur avait donné l'ordre de vaincre, ils ne l'ont pas exécuté.

CHAPITRE XII.

LES RÉGATES DE TCHANG-CHA. — LES DESCENDANTS DE CONFUCIUS. — MOYEN DE FAIRE DE L'ARGENT. — OU-TCHANG ET HAN-YANG.

L'empereur Hièn-foung, abattu par tant de désastres, rappelle auprès de lui les anciens serviteurs de son père. Ki-chan et Ki-in, ses grands oncles, sont les premiers réintégrés dans leurs fonctions. Ki-chan avait encouru la colère du vieil empereur pour avoir accédé aux conditions proposées par les Anglais, et Ki-in avait été très en faveur, sous le même règne, en faisant accepter précisément le même traité qui avait causé la chute de son parent. La disgrâce de ce dernier, comme on s'en souvient sans doute, était de date récente; c'était Hièn-foung qui l'avait éloigné de ses conseils parce qu'il se montrait trop favorable aux barbares. Un mandarin, nommé Hing-gan, que Tao-kouang avait dégradé comme trop progressiste, est lui-même nommé premier ministre en remplacement de Saï-chang-ha; mais, en rappelant ces hommes intelligents et fidèles qui pourraient peut-être raffermir le trône chancelant, le jeune empereur ne change pas de politique.

Dans tous les pays du monde, il n'y a jamais qu'un certain nombre d'hommes qui aient une valeur politique universellement reconnue, et, sous peine de périr, un gouvernement, quel qu'il soit, est condamné à réclamer leur concours : c'est ce qu'a compris le jeune empereur; mais c'est de leur nom seul qu'il prétend se servir en rappelant ceux-ci; il ne leur demande pas leurs conseils, il les envoie dans des provinces éloignées. Les termes mêmes de certains décrets que le jeune Fils du ciel promulgue après cette mesure nous dévoilent ses sentiments intimes. On sent que le monarque nourrit contre les barbares des sentiments que rien ne pourra vaincre; rien, pas même les services que ceux-ci seront appelés peut-être à lui rendre.

Les rebelles ont mis le siége devant la capitale du Hou-Nan. Cette ville, appelée Tchang-Cha, est située sur la rivière Siang, l'un des affluents du Yang-Tze-Kiang. Le Siang s'échappe d'un lac immense, qui sépare en quelque sorte le Hou-Nan du Hou-Pé. C'est une belle rivière, aux eaux limpides, continuellement sillonnée par d'innombrables embarcations. Tchang-Cha, dont les créneaux se mirent dans les eaux transparentes, est adossé à des montagnes boisées jusqu'à mi-côte et couronnées d'aiguilles noires comme des pans de basalte. Cette ville était déjà importante cinq cents ans avant Jésus-Christ. Vers cette époque, un homme célèbre, Chèn-yuèn, se noya dans les eaux azurées du Siang. C'était probablement quelque marin d'eau douce, prédécesseur des canotiers de la Seine. Ses compatriotes, affligés de cette mort, le proclamèrent Génie du fleuve et instituèrent des régates en son honneur. Depuis ces temps reculés jusqu'à nos jours, le 5 de la cinquième lune, la fête nautique y est célébrée chaque année avec les mêmes pompes. Les embarcations privilégiées qui prennent part à ces jeux n'ont pas leurs pareilles dans le monde entier; ce sont de petites barques longues et étroites, représentant tous les animaux fantastiques créés par l'imagination des enfants du Céleste empire : les unes allongées comme des serpents et ailées comme les reptiles antédiluviens; les autres ayant la figure de chimères aux longues dents et à la queue armée de dards; d'autres encore semblables aux dragons des pagodes, avec leurs croupes écailleuses qui brillent comme des feuilles de métal. Toutes les arêtes de ces jolis bateaux sont dorées avec soin, et les creux sont peints en vert, en rouge ou en bleu. Chacune de ces nacelles vole sur les eaux, poussée par l'impulsion vigoureuse que lui donnent vingt rameurs; ordinairement les fêtes se prolongent pendant trois jours.

Tchang-Cha n'est pas seulement une ville de plaisirs, c'est encore une ville commerciale et une ville de guerre de grande importance. Les insurgés en poussèrent le siége avec une très-grande activité; déjà la garnison découragée était prête à se rendre, lorsque notre ami Siu vint ranimer le courage des soldats. Il arriva à la tête de troupes fraîches qui repoussèrent bravement l'ennemi et le forcèrent à lever le siége. Mais la ville souffrit beaucoup de cette tentative; l'artillerie ennemie démolit une partie des murailles, qui, il faut bien l'avouer, auraient bien pu s'écrouler en temps de paix au seul bruit des pétards et des tams-tams. Les insurgés se portèrent alors sur Yo-Tcheou, qu'ils prirent sans coup férir, et où ils levèrent un impôt de mille taels; mais, ce qui était bien plus important pour eux, ils prirent devant cette ville deux cents jonques avec lesquelles ils remontèrent le fleuve jusqu'à King-Tcheou-Fou, où ils se retranchèrent et mirent en sureté leur butin.

Toute cette expédition fut conduite par le général insurgé, Taï-ping-wang, un des chefs les plus déterminés de l'armée de Tièn-tè. C'est ce général qui a fait inscrire sur ses drapeaux les deux vers suivants, lesquels seraient de véritables *mille-pieds* dans notre langue prolixe, mais que les Chinois concentrent dans vingt syllabes :

« Nos trois mille braves, courageux comme des « tigres, iront tout droit fouler la terre close de « Yeou-ien. »

« Le dragon volera au cinquième neuf et fera re-
« vivre les jours de Yao et de Chun. »

Comme l'Apocalypse, toute inscription chinoise ne peut être comprise sans commentaires. Voici l'explication de celle-ci : « Les trois mille braves, courageux comme des tigres, » c'est un hémistiche tiré des anciens Kin, « iront tout droit fouler la terre close de Yeou-ien, » cela veut dire qu'ils parviendront au Pé-tcheli où se trouve Pékin ; « le dragon volera au cinquième neuf » est une allusion à un nombre cabalistique du traité divinatoire *des changements* qui se rapporte au dragon volant au ciel. Le tout signifie, traduit en notre langage vulgaire, que l'empereur Tièn-tè quittera sa petite résidence de Young-Gan pour se rendre aux Tuileries de Pékin.

Le *Moniteur de l'Empire*, malgré son mutisme habituel, enregistre des faits d'une extrême gravité ; il nous apprend que le vice-roi de la province du Koueï-Tcheou expose à l'empereur qu'il ne peut envoyer de recrues dans le Hou-Nan, parce que des rebelles en armes parcourent le pays. La province du Koueï-Tcheou est située à l'ouest du Kouang-Si ; c'est une terre plus pauvre encore que le berceau de l'insurrection. L'autorité des mandarins y a toujours été fort contestée par les habitants, qui ressemblent bien plus à leurs voisins, les indomptables Miao-Tze, qu'aux Chinois humbles et soumis. Les mandarins du Koueï-Tcheou ont coutume de dire de leurs administrés que c'est une race détestable qui ne comprendra jamais le mérite de l'obéissance. L'industrie de cette contrée est en rapport avec le caractère rude des habitants ; on y exploite des mines de divers métaux, et on y cultive clandestinement le pavot.

Les habitants du Koueï-Tcheou font comme ces paysans qui sèment à l'abri des rochers, dans quelques recoins ignorés des employés des droits réunis, quelques plantes de tabac dont ils vendent ensuite en cachette les feuilles convenablement préparées. C'est avec leur récolte clandestine qu'ils préparent de l'opium, qui vaut bien celui de Patna, de Malwa et de Turquie. La Chine donne en ce moment un singulier spectacle au monde; elle se ruine en faisant entrer par contrebande dans son pays une drogue étrangère qu'elle pourrait produire chez elle en énorme quantité à meilleur marché, et d'une qualité sinon supérieure, du moins égale.

Le numéro de la *Gazette de Pékin* qui contenait le rapport du vice-roi du Koueï-Tcheou annonçait que le mandarin de Hio-Kouang, dans le Chan-Toung, avait été tué par les rebelles. Le Chan-Toung est situé à plus de deux cents lieues des provinces insurgées ; c'est un pays qui ressemble beaucoup aux contrées montagneuses de la Savoie et des Alpes françaises. Sur les hauteurs croissent des chênes superbes, et la lisière des champs est plantée de châtaigniers et de noyers au sombre feuillage. Les héritages sont bornés comme chez nous par des haies d'aubépine et d'églantier. Les habitants sobres et laborieux du Chan-Toung n'ont pas les instincts guerriers des Miao-Tze, et l'on ne sait par quels moyens on a pu entraîner ces populations paisibles dans le mouvement insurrectionnel.

C'est dans le Chan-Toung qu'est né Confucius. Les descendants authentiques du philosophe par excellence existent encore dans ce pays. Ils sont aujourd'hui au nombre de plusieurs mille! L'héritier direct porte le titre de duc, c'est la noblesse héréditaire la plus inviolable de tout l'Empire. Un fief a été concédé à cette famille, et c'est là que depuis plus de deux mille ans elle vit en dehors des mouvements politiques, toujours honorée, toujours respectée par les dynasties nombreuses qui se sont succédé sur le trône. Un des derniers numéros de la *Gazette de Pékin* renfermait une lettre du duc Koung-fan-hao, qui remerciait le jeune empereur de lui avoir envoyé les poëmes composés par son père Tao-kouang, c'est-à-dire que le descendant du grand homme traite d'égal à égal avec la famille impériale. Mais, pour conserver le respect des populations et l'affection du souverain, les chefs de la famille n'ont jamais pris part aux affaires publiques. Ils se contentent d'administrer paisiblement leur fief et de gouverner leurs nombreux vassaux, qui sont presque tous leurs parents. L'existence de cette famille puissante est pour nous, gens de l'Occident, un grave sujet de réflexion. Les descendants de l'homme divin de la Chine sont entourés depuis vingt siècles de la vénération universelle; le respect pour eux s'est transmis de génération en génération dans ce pays que leur glorieux aïeul a civilisé et moralisé. Chez nous, peuples enfants, on retrouve bien l'origine, relativement très-moderne, de quelques familles princières, mais nous chercherions vainement la descendance directe de la plupart de nos grands hommes : c'est à peine si nous savons où reposent leurs cendres.

Nous avons connu un descendant du Socrate de l'Empire du milieu, c'était Tchao-tchang-ling, mandarin adjoint au commissaire impérial Ki-in pendant les travaux de la mission extraordinaire de France en Chine. C'était un académicien Han-lin, très-versé dans la science de son pays, et les négociateurs européens lui reconnaissaient un profond savoir diplomatique; mais la vérité nous force à dire qu'il était très-chicaneur et très-laid.

Les symptômes de rébellion se déclarent partout avec une intensité alarmante. Au milieu de tous ces embarras, les finances de l'Empire s'épuisent, et le ministre qui surveille l'emploi des deniers publics jette un cri de détresse et dénonce à l'empereur un fait scandaleux. Il lui est impossible d'obtenir des mandarins qui commandent les provinces insurgées de lui rendre compte des fonds qui leur sont confiés. Ils se bornent à répondre qu'il leur faut sept cent mille taels pour soutenir la guerre. Le nombre des soldats sur les tableaux fictifs des mandarins est porté tantôt à quarante mille hommes, tantôt à cent mille hommes, c'est-à-dire à un nombre toujours variable, suivant les circonstances, mais qui en tous cas est trois fois plus considérable que l'effectif véritablement réuni sous les drapeaux.

Au reste, c'est le sort du gouvernement chinois d'être continuellement trompé. Le Fils du ciel est l'homme le plus impudemment volé de ses États. Les ministres le volent, les chefs de troupe le volent, les mandarins inspecteurs le volent; c'est un pillage organisé dans lequel chacun cherche à s'enrichir aux dépens de l'État.

D'après les pièces officielles publiées par le gouvernement, les frais généraux de la guerre se sont élevés à dix-huit millions de taels, c'est-à-dire à soixante-quinze millions de francs pour une seule année. Dans ce désastre financier, tous les mandarins inventent de nouveaux moyens pour faire de l'argent; l'un d'eux, Hou-tin, chef de division au ministère de la guerre, proposa au gouvernement de monopoliser le commerce de l'opium. Un pareil projet sous le règne de Tao-kouang détermina la chute d'un ministre qui osa le lui soumettre. Le vieil empereur, dans sa colère, avait d'abord résolu de faire mourir l'audacieux financier; mais les temps sont bien changés, et Hièn-foung, malgré son aversion pour les fumeurs d'opium, prête une sérieuse attention à ce projet, qui lui permettrait d'alimenter ses coffres, lesquels se vident avec une effrayante rapidité. Quoique rien ne soit décidé encore, il est probable qu'avant peu Hièn-foung réalisera cette réforme. Il est sûr qu'avant d'engager une lutte désespérée avec les marchands européens et les contrebandiers chinois, le gouvernement aurait bien mieux fait de décréter le monopole de cette drogue. Comme complément de cette mesure, le *Moniteur officiel de l'Empire* fait une curieuse énumération des moyens que l'État tient à sa disposition pour augmenter ses ressources. Nous donnons cette liste : bien mieux que des considérations sur la Chine, elle fera comprendre les vices qui se sont introduits dans l'administration. On verra que Hièn-foung, dans cette circonstance, bien loin de chercher à relever le moral des peuples par quelque mesure hardie et honnête, a recours à de misérables ventes de places et de dignités. Ce ne sont ni les élans du patriotisme, ni les dévouements généreux qu'il encourage, mais les vanités puériles et méprisables, comme si, dans les moments de crise, l'argent avait jamais sauvé les empires. Cette liste est ainsi conçue :

« L'empereur ayant chargé le contrôleur de la maison impériale, les ministres du cabinet, les membres du conseil et le bureau des revenus d'aviser aux moyens de lever de l'argent pour soutenir la guerre contre les rebelles, ces hauts fonctionnaires firent le projet de loi suivant, qui a reçu aussitôt la sanction du pinceau rouge :

« 1° Les princes, les nobles et les hauts fonctionnaires, tant civils que militaires, seront appelés à contribuer, chacun selon ses moyens.

« 2° Les membres de la famille impériale seront autorisés à acheter des emplois.

« 3° Les académiciens et les censeurs pourront acheter des charges de juges, de trésorier et d'intendants de province.

« 4° Tout titulaire d'une charge pourra s'exempter à prix d'argent de compléter le temps qu'il serait tenu régulièrement de faire dans cette même charge.

« 5° Les intendants de district et les préfets pourront, à prix d'argent, s'exempter de l'obligation imposée par les règlements de retourner à *Pékin* à l'expiration de leur service.

« 6° Les secrétaires du cabinet pourront, à prix d'argent, s'exempter des cinq années de service requises par les règlements avant qu'ils puissent obtenir de l'avancement.

« 7° Tous les fonctionnaires dans la capitale qui, après avoir subi l'examen du premier degré, attendent leur nomination à un poste, pourront acheter une charge.

« 8° Tous les fonctionnaires seront autorisés à acheter des titres honorifiques pour un parent, pendant leur absence pour cause de congé, de maladie, de deuil, ou autre.

« 9° Le fils pourra acheter pour son père un rang

supérieur au sien, ce qui, d'après les anciens règlements, n'était pas permis.

« 10° Les fonctionnaires congédiés pourront racheter leur grade à prix d'argent.

« 11° Les fonctionnaires retirés pourront racheter leur grade à prix d'argent.

« 12° Il sera permis aux fonctionnaires d'acheter des titres pour leurs proches parents maternels.

« 13° Tous ceux qui ont les grades de *Kiu-jen*, de *Kouang-souen* et de *Kièn-souen*, pourront acheter leur admission au collége national de *Pékin*.

« 14° La plume de paon pourra être achetée.

« 15° Tous les mandarins du premier ou du deuxième rang qui avaient été dégradés pourront racheter leurs globules à prix d'argent.

« 16° Tous les fonctionnaires condamnés à l'exil ou à des châtiments pourront se racheter.

« 17° Tous les fonctionnaires transportés au *I-Li* pour un crime quelconque pourront se racheter.

« 18° Le gouvernement regardera comme emprunts à lui faits les récompenses en argent données aux troupes par les particuliers, et des lettres de change seront aussi empruntées au commerce pour un temps.

« 19° L'or déposé dans le *Neï-ou-fou* sera envoyé à l'armée comme fonds de réserve.

« 20° Le gouvernement donnera cours à du papier-monnaie, comme lors des troubles causés par les barbares (Anglais) sur les côtes du *Tché-Kiang*.

« 21° On accordera trois mois pour la rentrée des arriérés de l'impôt.

« 22° Des maisons de change seront établies pour le compte du gouvernement.

« 23° On fera des offres publiques pour le fermage des mines d'or et d'argent dans le *Je-Hol*, dans les provinces, dans le Turkestan oriental et le *I-Li*. » (*Gazette de Pékin* du 12 novembre 1852.)

Dans ce document stupide, les Anglais sont encore traités de barbares : c'est par une désignation offensante que le sublime empereur mentionne une nation à laquelle ses agents demanderont bientôt aide et protection. Ceci nous révèle les véritables sentiments du représentant actuel de la dynastie des Tsings.

Vers la fin de février, des négociants arrivés de Sou-Tcheou-Fou à Chang-Haï affirment que les rebelles ont descendu le Yang-Tze-Kiang sur deux cents jonques, et qu'ils se sont emparés de Ou-Tchang-Fou, capitale du Hou-Pé. Cette ville compte plus de quatre cent mille habitants ; elle est bâtie sur la rive droite du Yang-Tze-Kiang, près de l'embouchure du Han, l'une des principales rivières tributaires du Fils de l'Océan.

Sur la rive gauche du Han, en face de Ou-Tchang s'élève la ville de Han-Yang ; et sur la rive droite sont d'immenses faubourgs. Les sinuosités du fleuve géant baignent la plaine, au centre de laquelle sont situées ces trois grandes cités. Les berges sont plantées de saules et de bambous aux feuillages tremblants. Par intervalle, on aperçoit, au milieu des touffes vertes, de légers échafaudages sur lesquels perchent des familles entières. Ce sont les demeures aériennes des pêcheurs. Plus heureux que leurs confrères les habitants des bords de la mer, ces pêcheurs d'eau douce gagnent leur vie presque sans fatigue. Ils plongent dans le fleuve un réseau étendu sur un cadre en bois, emmanché d'une longue perche qui sert de levier pour manier cet engin, et, à l'aide d'un cabestan, ils le retirent, plusieurs fois par jour, rempli de poissons.

A une lieue de Ou-Tchang, du côté du nord, s'élève une petite éminence du sommet de laquelle le regard peut embrasser l'immense étendue où serpentent les deux rivières et où se déploient les cités commerciales. Un de nos amis, voyageur intrépide, qui a pu admirer le spectacle que présente cette grande scène, nous a transmis ses impressions en ces termes :

« Je ne me lassais pas de contempler le cours des deux rivières qui enlacent en quelque sorte les trois grandes villes de leurs rubans azurés. Le Yang-Tze-Kiang est une véritable mer intérieure au milieu de laquelle se jouent, comme dans l'Océan, les marsouins folâtres, et qui porte sur son cours rapide les plus grands navires. Le Han, quoique moins considérable que le fleuve dans lequel il se jette, est cependant une belle rivière aux ondes grondeuses comme la Durance, où règne également une très grande animation. Les navires chinois sont certainement les embarcations les plus bruyantes de l'univers : à chaque instant on y bat du gong et l'on y brûle des pétards. Que l'on juge de l'affreux vacarme produit par la réunion de cinq à six mille jonques ! Dans cette plaine presque sans limites, les roulements de l'airain et l'éclat du salpêtre arrivaient confusément jusqu'à moi comme le bourdonnement d'une ruche immense.

« En lisant ces mots : la *réunion de cinq à six mille jonques* sur le même point, vous avez dû sourire d'incrédulité ; il est généralement admis que les voyageurs en Chine, lorsqu'ils supputent les richesses et les populations de ce pays, ne parlent jamais que par mille comme les marchands de clous ; cependant je crois être resté bien au-dessous de la vérité. J'ai vu hier à l'ancre, devant Ou-Tchang, plus de mille barques chargées de sel, et c'est là qu'affluent en outre tous les produits de l'Empire du milieu et toutes les marchandises manufacturées que Manchester, Liverpool et l'Amérique du Nord expédient en Chine.

« Le point de jonction où le Han tombe dans le fleuve Fils de la mer est appelé par les indigènes Han-Keou ou la bouche du Han, et les Chinois considèrent cette place comme la plus commerçante de l'Empire. Han-Keou est à deux cent cinquante lieues de la mer, mais le fleuve est navigable dans tout son parcours pour les plus grandes embarcations. Arrivées sur le point où les eaux des deux rivières se confondent, les jonques, qui ont jusque-là voyagé de conserve, se divisent en deux bandes : les unes s'arrêtent à Ou-Tchang, et les autres entrent dans le courant du Han. Ces navires, suivant le trafic auquel ils se livrent, ont chacun une physionomie particulière. Si mon éducation maritime était plus complète, je vous décrirais chaque variété de ces lourdes et antiques frégates aux mâts couverts de rubans et de pavillons, chargées des thés célèbres de Moning, recherchés des Européens, des bois du Kiang-Si, des porcelaines de Yao-Tchang-Fou, des draps, des cotonnades, de la coutellerie et même de l'opium des barbares introduit en contrebande; car, partout où se fait un grand commerce, il y a bon nombre de contrebandiers.

« L'aspect de Ou-Tchang, de Han-Yang et de Han-Keou, entourés de ces eaux industrieuses qui font circuler les richesses de l'empire jusque dans ses entrailles, est réellement très-imposant : des pagodes aux neuf toits étagés s'élèvent du centre des maisons, et la forêt de mâts qui se balance sur les eaux agitées présente un triple rempart de piques aux banderoles jaunes, rouges et bleues.

« Il est facile à une imagination européenne de se représenter ces villes aux toits recourbés, ces barques en croissant constamment pavoisées comme nos navires les jours de fête, les matelots et les gens du peuple aux cheveux nattés et aux larges chapeaux de bambous, enfin cette mise en scène gracieuse et comique. Mais ce que ne sauraient voir par la pensée les fils casaniers de notre pays, c'est cette plaine immense, arrosée par des eaux fécondes comme celles du Nil, couverte d'arbres et de maisons, et ces trois cités jumelles plus grandes que Marseille et Lyon, séparées seulement par un fleuve que des rameurs vigoureux ne traversent qu'après plusieurs heures de pénibles efforts. »

Cette peinture, qui se ressent de l'impression que produit sur un voyageur l'aspect d'un pays étrange, doit faire comprendre au lecteur de quelle importance serait la prise de Ou-Tchang par les rebelles. A ces détails, nous devons ajouter que, non loin de cette ville, dans le Kiang-Si, sur les bords du lac Po-Yang, qui communique avec le Yang-Tze-Kiang, il existe une place de guerre des mieux défendues, appelée Kieou-Kiang. S'il est vrai que les insurgés occupent Ou-Tchang, ils ne tarderont pas à s'emparer de la ville militaire, et dès lors ils pourront bien arriver sans encombre à Nankin. Mais les on-dit relatifs à Ou-Tchang n'ont rien de positif, rien d'officiel, et les marchands chinois, anglais et américains se refusent à croire une nouvelle qui, si elle était vraie, compromettrait sérieusement les intérêts de leur commerce.

CHAPITRE XIII.

DÉCRET SUR LA PRISE DE OU-TCHANG. — EMPOISONNEMENT DE SIU. — SUPPLIQUE DES CHINOIS AUX EUROPÉENS.

Lorsque la nouvelle de la prise de Ou-Tchang-Fou, capitale du Hou-Pé, commença à se répandre, les mandarins et les Européens eux-mêmes déclarèrent que le fait était faux ; mais bientôt une proclamation de l'empereur vint donner un triste démenti à leur incrédulité. Hèin-foung annonce à son peuple la récente victoire de ses ennemis et l'explique à sa manière. Ce document est une preuve affligeante de l'ignorance du jeune empereur; on y voit évidemment que son instruction militaire n'est pas supérieure à celle de ses généraux. Voici ce curieux spécimen des connaissances stratégiques du Fils du ciel.

« Aujourd'hui (29 janvier) est arrivée une dépêche du commissaire Siu annonçant que les rebelles se sont emparés de la ville provinciale de Ou-Tchang (capitale du Hou-Pé). Nous ne pouvons exprimer toute notre indignation ! Le général Hiang-young s'est battu avec les rebelles à l'est de la ville et a été victorieux ; mais, l'ouest de la ville étant de niveau avec le lac, et la porte Ouang-Tchang et autres se trouvant près du grand fleuve, les rebelles en prirent avantage, et, au moyen d'une mine souterraine qui fit explosion le 4 de cette lune (12 janvier), ils dispersèrent la garnison et prirent possession de la ville.

« Dans un mémoire précédent, Siu disait que Ou-Tchang était en état de soutenir un siége; et voilà que peu de jours après, il nous annonce que Ou-Tchang a été pris par les rebelles ! Ne sait-il pas qu'en matière de guerre il y a une grande différence entre les choses qui peuvent être différées et celles qui exigent une action immédiate? Son mémoire est comme les pensées d'un homme qui rêve. Entre Tchang-Cha et le Hou-Pé, Siu s'est amusé en route. Le commandant en chef Hiang-young, quoique arrivé à temps pour remporter une victoire, ne put cependant pas attaquer en même temps la forte position des rebelles, et les mettre dans une complète déroute. Lui aussi est lent dans le service et n'est pas plus excusable que son collègue. Voici le moment d'extirper les rebelles: si nous livrions au supplice le commissaire Siu et le général Hiang-young, nous ne ferions que les tirer d'embarras; par conséquent, la dignité de gouverneur général des deux Kouang, et la plume de paon à deux yeux sont enlevées à Siu, mais il gardera les fonctions de haut commissaire et de gouverneur intérimaire des deux Kouang. Le général Hiang-young est dégradé, mais il continuera de remplir ses fonctions, jusqu'à ce qu'il fasse preuve de nouveaux mérites.

« La ville provinciale de Ou-Tchang est la résidence du gouverneur et des autres grands mandarins ; avec quelle promptitude a-t-elle été prise par les rebelles, et combien nous ressentons les calamités qu'elle endure !

« Nous regrettons de n'avoir pas employé les personnages qu'il fallait, et que notre peuple n'ait pas été délivré de cette horde méchante. Les troubles du Sud ne nous laissent aucun repos la nuit et nous ôtent l'envie de manger. Nous avons déjà nommé hauts commissaires le gouverneur général des deux Kiang, et Ki-chan, chacun d'eux conduisant une forte armée pour l'extermination des rebelles. Le gouverneur du Chen-Si et du Kan-Sou, et le gouverneur général du Se-Tchouan, ont reçu l'ordre de combiner leurs forces et d'aller au Hou-Kouang exterminer les rebelles. Nous leur ordonnons d'agir dans un parfait accord, de ne pas laisser ravager le territoire par les rebelles et de rendre la paix au pays. Que leurs opérations ne soient pas lentes, et qu'ils n'épargnent personnellement aucune peine.

« Quant aux autorités de la ville provinciale de Ou-Tchang, nous chargeons Siu de nous soumettre un récit véritable de tout ce qui les concerne.

« Obéissez à ceci. »

La *Gazette officielle* qui contenait cette pièce

donne également un décret par lequel le jeune empereur appelle sous les drapeaux les troupes du Kirin et de l'Amour. Ces soldats appartiennent aux populations nomades, qui vivent sous la tente et dont l'existence est en quelque sorte une marche perpétuelle. Comme les armées en campagne, elles traînent après elles leurs subsistances, s'établissent selon les nécessités du moment, et lèvent le camp au premier ordre des chefs. Leurs mœurs ont été décrites, dans un ouvrage fort intéressant, par MM. Huc et Gabet; tout le monde aujourd'hui a lu le *Voyage au Thibet;* aussi nous abstenons-nous d'esquisser, même rapidement, la physionomie des tribus errantes visitées par les deux voyageurs.

Après avoir fait appel à la bravoure de ses plus intrépides sujets, le jeune empereur terminait sa proclamation par cette peinture effrayante des maux que la rébellion a déjà produits :

« Depuis que l'armée a été mise en mouvement, des années se sont déjà écoulées. Les districts affligés du Kouang-Si ne se sont pas relevés et le Hou-Nan a été réduit en cendres. Tout récemment l'esprit de rébellion a éclaté en flammes et le désordre a gagné Ou-Tchang et Han-Yang. Les districts par lesquels l'insurrection a passé ont été foulés aux pieds ; et quoique les capitales de Koueï-Lin et de Tchang-Cha aient été préservées, les souffrances de ceux de mon peuple qui ont été chassés de leurs foyers sont au-dessus de toute expression. »

A la réception de ces pièces, les autorités du Kiang-Nan et du Kiang-Si furent frappées de terreur. Toutes les villes furent mises sur le pied de guerre ; on démolit les maisons qui avoisinaient les remparts et l'on se prépara à une vigoureuse défense. En même temps on fit marcher sur Nankin toutes les troupes qui étaient encore disponibles dans le nord et dans le sud de l'empire, et toutes les villes de quelque importance firent des levées en masse. C'est dans de pareilles circonstances qu'on peut se convaincre du peu de ressources militaires que possède la Chine ! A Chang-Haï, par exemple, l'un des ports ouverts aux Européens, il ne fut pas possible au mandarin commandant les troupes de réunir plus de cent soldats réguliers et de cent volontaires. Cette ville cependant renferme plus de deux cent mille habitants et elle a une population flottante considérable, entièrement composée de matelots du Fo-Kien, de la Cochinchine et du Kouang-Toung, tous gens de sac et de corde et prêts à tout entreprendre. A vrai dire, il est très-probable que ces bandes de coquins se proposent d'entrer en campagne dans des circonstances plus avantageuses.

Pour donner une idée de la moralité des populations maritimes de Chang-Haï, nous allons citer un fait dont nous avons été témoins. Une grande et belle rivière, le Ou-Soung, passe sous les murs de la ville, qui sont en quelque sorte cachés derrière une véritable forêt de mâts. Un jour, montés dans un canot européen, nous voguions au milieu de cette multitude d'embarcations, admirant le mouvement commercial de ce port, lorsque nous vîmes tomber d'une barque, qui descendait le courant, secondée par une bonne brise, une énorme pièce de bois. Aussitôt une barque se détacha de la rive et fondit comme un trait sur cette épave, tandis que ceux de l'autre barque pliaient leur voile et ramaient de toutes leurs forces pour atteindre au passage leur pièce de bois ; mais les sauveteurs s'en saisirent avant que le flot l'eût mise à portée de ses légitimes propriétaires. Alors s'éleva un conflit dans lequel ceux-ci n'auraient pas eu l'avantage ; on transigea, et l'objet en litige fut restitué moyennant une certaine somme. Comme nous témoignions notre indignation de cet acte de piraterie commis en plein soleil, on nous montra sur les deux rives du Ou-Soung une infinité de barques semblables à celle qui venait de faire le coup, et un Anglais nous dit :

« Ce sont des marins de Fo-Kien qui se tiennent là à l'affût toute la journée, examinant avec soin les embarcations petites ou grandes, et calculant par quel moyen ils pourront soustraire quelque chose de leur cargaison. Ce métier est fort lucratif, et, bon an mal an, ces voleurs gagnent largement leur vie sans courir aucun danger.

— Mais comment les Chinois ne font-ils pas la chasse à ces forbans? Quelques fast-boats et une centaine de soldats suffiraient pour cela,

— Ce serait pis encore, nous répondit-on; les soldats se mettraient certainement d'accord avec les voleurs. Les gens paisibles seraient doublement dépouillés, et voilà tout. »

Rien n'est plus vrai ; les Chinois, qui estiment peu le métier des armes, payent fort mal les services militaires, et ceux qui embrassent cette profession, presque tous nés dans les provinces centrales, sont ordinairement des désespérés qui n'ont d'autre alternative que d'endosser la casaque rouge ou d'aller rançonner les passants sur les grands chemins, c'est-à-dire sur les canaux et les rivières. Les Chinois qui ont des rapports avec les Européens comprennent si bien leur infériorité militaire, que les habitants de Chang-Haï, les habitants très-riches s'entend, ont levé des corps francs pour défendre leurs biens et leur personne. Mais, d'après les éléments dont se composent ces troupes, il est à craindre que, lorsqu'elles seront bien organisées, elles ne servent de corps de réserve aux insurgés.

Depuis que les perturbations sociales ont commencé, les pirates ont reparu sur les côtes des provinces méridionales et même au cœur du Yang-Tze-Kiang. Les mandarins, désespérant de pouvoir les combattre au moyen de la marine impériale, ont pris à leur solde un certain nombre de *lorcha* portugaises et les ont chargées d'exterminer leurs ennemis. Ce sont les *Filhos de Macao*, les descendants des héroïques aventuriers du quinzième siècle, qui ont pris à forfait la destruction des forbans. Les sujets chino-portugais de S. M. la reine Dona Maria font la police sur les côtes de la Chine, un peu à la manière de ces braves aventuriers qui, dans les grandes guerres d'Italie, vendaient leurs services, tantôt au pape, tantôt à l'empereur. Aux yeux des Chinois, ces pauvres navires portugais, mal armés, servis par des matelots inhabiles, sont de formidables machines de guerre. Il est vrai que les marins de Macao font voile à peu près par tous les temps, tandis que les marins chinois ont pour habitude de ne lever l'ancre que par une mer tranquille et un vent favorable. A cet égard, nous trouvons dans le *Moniteur de Pékin* un rapport de l'amiral du Fo-Kien d'une naïveté réjouissante. Ce commandant des forces navales expose à l'empereur qu'il a été dénoncé par le gouverneur et le sous-gouverneur de sa province comme ayant négligé de pourchasser les pirates, et il s'excuse ainsi : « La mer était alors si irritée et le vent si violent, que des hommes de rapine pouvaient seuls faire voile. Il aurait fallu n'avoir aucun soin de sa propre conservation pour oser les poursuivre sur l'Océan ! » L'empereur eut le mauvais goût de dégrader ce prudent amiral.

Peu de temps après l'insertion dans le *Moniteur de Pékin* du décret qui annonçait la prise de Ou-Tchang-Fou, une sinistre nouvelle se répandit à Canton ; l'on affirma que Siu, désespéré d'avoir subi une nouvelle disgrâce, s'était empoisonné. Mais le fait était raconté avec des circonstances propres à nous rassurer sur les suites de cet acte de désespoir ; on disait qu'il s'était empoisonné avec des feuilles d'or! Voici le mot de cette histoire :

La science des toxicologues chinois vaut la science militaire des généraux de l'armée impériale. Lorsqu'un grand personnage veut se donner la mort, il prend une once d'or en feuille, il fait une boule avec les carrés presque impondérables du métal battu, et avale ensuite la précieuse pilule. D'après les physiologistes du Céleste empire, ces boules, une fois dans l'estomac, se déplient d'elles-mêmes et tapissent les parois de l'organe comme si on les appliquait avec la main. L'estomac, ainsi doré, cesse de fonctionner, et le malheureux mandarin meurt suffoqué, après quelques heures de somnolence.

Voilà un procédé que nous recommandons aux sybarites désespérés!

Cependant l'empereur appesantit de nouveau sa main sur les fonctionnaires. Le mandarin de Chang-Nan est dégradé pour n'avoir pas veillé à la défense de la ville qu'il administrait. Le major général et le colonel de Pao-Cheou dans le Hou-Kouang, ont la tête tranchée pour ne s'être pas trouvés à leur poste le jour du combat. Ki-chan est envoyé en qualité de commissaire impérial dans les deux Kouang, et Ki-in, notre ancienne connaissance, est chargé d'une mission spéciale dans le Kiang-Si. On lui a donné pour adjoint notre ami Houang-gan-toung.

En trouvant ces noms dans la *Gazette officielle de Pékin*, nous faisons des vœux bien ardents pour ces deux diplomates. Ce sont des hommes loyaux, honnêtes, autant du moins que peuvent l'être des Chinois. Dans un pays de corruption administrative et d'ombrageuse tyrannie, ils n'ont subi jusqu'à présent que de passagères disgrâces; puissent-ils se maintenir aujourd'hui dans les périlleux honneurs dont ils sont environnés!

De temps à autre, le journal enregistre quelques actes de patriotisme et de dévouement. Quelques mandarins gorgés de richesses font la part du feu, et abandonnent quelques bribes de leurs dilapidations au trésor public. Dans le numéro du mois de mars, nous lisons que le sous-gouverneur du Kiang-Si et le commandant en chef des troupes du Je-Hol ont déposé sur l'autel de la patrie, comme on disait jadis, chacun trois mille taels, et qu'un Tao-Taï du Kouang-Si a imité leur exemple, en versant à son tour dix mille taels. Mais ces dévouements trouvent peu d'imitateurs; évidemment cette corde ne vibre pas dans le sein des masses; et au milieu des hésitations qui précèdent toutes les révolutions, on comprend que les sympathies réelles du plus grand nombre ne sont pas en faveur de l'empereur mantchou. Les gouvernants ont la conscience de cet abandon de la nation, et, au lieu de chercher à surexciter le patriotisme barbare de leurs compatriotes, comme ils l'ont fait lors de la guerre contre les Anglais, ils tournent les yeux vers l'étranger. Hièn-foung, comme Ferdinand d'Espagne, demande à un autre peuple de raffermir sa couronne. Le vieux despotisme asiatique en appelle à la magnanimité de l'Angleterre et des Etats-Unis. Voici la supplique adressée par le Tao-Taï de Chang-Haï à tous les représentants des nations chrétiennes qui résident dans les ports de la Chine ouverts au commerce européen :

« Ou, nommé par l'empereur juge provincial, intendant de Sou-Tcheou, Soung-Kiang, Taï-Tsing, etc., envoie cette notification.

« Moi, intendant, viens de recevoir une dépêche du gouverneur en réponse à un exposé que je lui avais envoyé. J'avais dit dans ma lettre que les bateaux à vapeur de guerre de votre honorable nation n'étaient point arrivés à Chang-Haï, mais qu'on les y attendait dans les premiers dix jours de cette lune. Je disais également qu'il n'y avait de stationné à Chang-Haï qu'un seul navire de guerre de la grande nation anglaise, ce qui ne serait pas suffisant pour réprimer et exterminer les rebelles. A tout cela, le gouverneur répondit ainsi qu'il suit :

« Il paraît que les rebelles sont déjà arrivés à Kiu-King et à Ngan-King (capitale du Ngan-Houeï), et qu'ils se sont répandus dans différentes directions, portant le trouble et le désordre partout sur leur passage. Tous les navires marchands mouillés devant les villes et les marchés le long des rives du

Yang-Tze-Kiang sont tombés au pouvoir des rebelles, et, quoique leurs forces aient été attaquées par notre grande armée venue du Hou-Nan et du Kiang-Si, le corps principal des rebelles est parvenu, en s'embarquant sur ses navires, à se frayer une route vers l'Est. Nos troupes, à la vérité, ont entravé leur marche sur différents points, mais, vu la largeur de la rivière, elles n'ont pu les arrêter tout à fait. Notre grande armée, venant de différents pays par la voie de terre, ne peut être réunie instantanément, et nos navires de guerre ne purent pas suivre de près l'ennemi et empêcher ses progrès, de telle façon que les forces rebelles sont devenues de plus en plus audacieuses et indomptables. Les lorchas, envoyées par l'intendant de Chang-Haï, quoique heureuses dans plusieurs rencontres, ne purent résister à l'ennemi à cause de leur petit nombre, de façon que des navires rebelles sont arrivés devant Nankin, et la ville est dans le plus grand danger. Si nous ne les attaquons pas au premier moment de leur arrivée, nous éprouverons de la difficulté à les empêcher à se répandre dans toutes les directions. Que l'intendant se consulte de nouveau avec les consuls des différentes nations, et qu'il demande immédiatement que le navire de guerre, actuellement mouillé à Chang-Haï (c'était le vapeur anglais *Lily*), soit envoyé attaquer les rebelles, et qu'il demande ensuite que les navires de guerre à vapeur dont l'arrivée successive est attendue se réunissent et exterminent ces bandits.

faisant ainsi disparaître ces détestables ennemis de l'empire chinois. S'ils font cela, non-seulement Sa Majesté l'empereur sera sensible au service rendu, mais les mandarins et le peuple leur seront reconnaissants pour le bienfait; et, lorsque tout le monde jouira simultanément de la paix et de la tranquillité, ils se procureront des avantages mutuels en suivant sans trouble leurs différentes occupations. Mais si nous devons attendre que la grande armée avance vers l'Est pour se réunir dans l'extermination des rebelles, le secours sera trop tardif pour l'urgence. Que, par conséquent, ledit intendant mette la plus grande promptitude à faire ses arrangements, car j'en attends le résultat avec la plus grande anxiété. J'aurai soin également d'écrire sur ce sujet aux plénipotentiaires des différentes nations. »

« Dès que la dépêche ci-dessus m'est parvenue, je considérai que les provinces de Hou-Nan, Hou-Pé, Kiang-Si, Ngan-Houeï et Kiang-Nan, sont des pays qui ont des rapports commerciaux avec Chang-Haï; mais depuis que les rebelles du Kouang-Si se sont répandus dans le Hou-Nan, voici déjà une année, et que de là ils ont envahi le Hou-Pé, Han-Keou et plusieurs autres places importantes pour le commerce, ont été tellement troublées, que les négociants furent arrêtés dans leurs transactions et qu'ils n'osèrent plus rien entreprendre. Maintenant, les rebelles dirigent leur marche vers l'Est, en descendant le cours du Kiang, et projettent de porter le désordre à Nankin; si on ne leur coupe promptement le chemin, c'en sera fait du commerce.

« D'après la dépêche précitée que je viens de recevoir du gouverneur, il est de mon devoir d'en informer l'honorable consul, en vous priant d'examiner la chose, et de faire que les navires de guerre arrivés à Chang-Haï, conjointement avec celui qui est stationné ici pour la défense du port, aillent immédiatement à Nankin, et agissent de concert avec les lorchas qui s'y trouvent déjà, employant leurs forces réunies à attaquer les rebelles, et jurant d'exterminer ces affreux bandits, de manière à satisfaire les sentiments du peuple, et à favoriser les relations commerciales. Je demande aussi que l'honorable consul écrive pour hâter l'arrivée des navires de guerre attendus, afin qu'ils remontent successivement à Nankin, balayent ces vagabonds de la face de la terre, et donnent la tranquillité à tout le pays. Les autorités et le peuple de la Chine vous auront une grande obligation, et moi, intendant, vous serai extrêmement obligé aussi. Je vous prie instamment de donner promptement cours à cette affaire.

« Communication importante. Le 7 de la 2e lune de la 1re année de Hièn-foung (16 mars 1853). »

Il y a peu de jours encore que l'empereur Hièn-foung, dans une pièce officielle que nous avons citée au chapitre précédent, appelait les Anglais des barbares; aujourd'hui ses mandataires s'adressent poliment aux représentants et aux *honorables* consuls de la *grande* nation britannique! Malgré ce changement dans les expressions, on sait que le fond des choses reste le même. Les mandarins terrifiés ne s'adressent pas en suppliants; on dirait, au contraire, qu'ils emploient vis-à-vis des Occidentaux certaines formules de commandement; ils leur demandent hardiment de se réunir aux lorchas soudoyées; au lieu de mettre celles-ci sous la direction et les ordres de ceux dont ils sont censés implorer le secours, ils assimilent, en quelque sorte, ces derniers aux condottieri qu'ils ont ramassés, à grand renfort d'argent, dans la presqu'île de Hiang-Chan!

Dès que les plénipotentiaires américains et anglais reçurent cette communication, ils se rendirent à Chang-Haï : ont-ils accédé aux désirs des mandarins, et se sont-ils opposés à la marche des insurgés? Ce n'est pas probable. Mais s'il en était ainsi, le Fils du ciel se figurerait sur-le-champ que les Occidentaux sont au nombre de ses tributaires. Et plus tard Hièn-foung pourrait bien faire une proclamation pour annoncer au monde que ses troupes ont vaincu les rebelles aidés par les nations nouvellement soumises, lesquelles se sont fidèlement conduites en cette circonstance. Les Chinois sont des gens subtils; s'ils s'étaient adressés en suppliants, s'ils avaient imploré l'alliance des nations chrétiennes, ils auraient trouvé dans les King et dans Confucius une foule de maximes pour prouver qu'on se doit entr'aider, que c'est la loi de nature. Mais leur présomption incurable, leur orgueil chronique, ont voulu, à l'aide de phrases amphibologiques donner le change aux populations sur le genre de service qu'ils réclamaient, et faire croire à un acte de vasselage de la part des Occidentaux, s'ils marchaient contre les insurgés.

CHAPITRE XIV.

LES CINQ ROIS. — ORGANISATION DE L'ARMÉE INSURGÉE. — UN MOT SUR NANKIN.

Jusqu'à présent nous n'avons donné aucun détail sur les chefs de l'insurrection et sur l'organisation de l'armée rebelle. Les documents chinois qui nous étaient parvenus ne renfermaient aucune indication précise à cet égard; mais aujourd'hui que les rebelles ont atteint les plus riches provinces de l'empire, le Kiang-Nan et le Kiang-Si, les renseignements nous arrivent en foule.

Nous ne répèterons pas ce que nous avons dit de Tièn-tè d'après les bruits populaires; la renommée nous avait renseigné sur ce personnage, et cette voix ordinairement menteuse se trouve d'accord avec ce que nous apprenons aujourd'hui.

Nous allons faire connaissance avec le général en chef et les quatre rois feudataires ses collègues. Houng-sieou-tsiuèn, qui prend le titre de Taï-ping-wang, ou roi grand pacificateur, est un homme de haute taille, au visage bruni par le soleil, et au regard ardent et assuré. Il a environ quarante ans; déjà sa barbe et ses cheveux sont gris : on le dit animé d'un très-grand courage; quoique son accent révèle une origine cantonnaise, personne ne connaît son véritable nom, et on ne sait dans quel district il est né.

Hiang-tsiou-tsing ou Toung-wang, c'est-à-dire roi de l'Est, est un homme de trente-cinq ans; il est petit, grêle; il est marqué de la petite vérole, et porte des moustaches dont les poils clair-semés se hérissent sur sa lèvre supérieure. Hiang-tsiou-tsing parle avec une excessive facilité; il est accessible à tous ses subordonnés; on ignore quel est son pays; on sait seulement qu'il est marié à la sœur aînée du Taï-ping-wang.

Siao-tcha-kouèï ou Si-wang, le roi de l'Ouest, est l'Achille de cette pléiade de rois; dans toutes les rencontres, il paye bravement de sa personne, se battant toujours au premier rang et dirigeant les troupes avec une précision qui annonce certaines connaissances spéciales. Il est d'une taille élégante, d'une physionomie vive et spirituelle; il est très-jaune, et son visage allongé n'a du type mongole que l'écartement des narines et l'obliquité des yeux;

il ne porte pas de moustaches. Cet homme, un des mieux doués parmi ses frères d'armes, n'a pas plus de trente ans; on le dit marié à la plus jeune sœur du roi pacificateur.

Foung-hièn-san ou Nan-wang, roi du Sud, est un lettré de la province de Canton; il a subi des examens publics, dont il est sorti gradué. Il est âgé de trente-deux ans; on le dit très-aimé de ses compagnons d'études, qui lui accordent de très-grands talents ; il ne porte pas de moustaches et ses traits ont encore quelque chose de juvénile; au milieu de la vie agitée des camps, il se renferme autant que possible dans l'isolement pour y vaquer à des occupations littéraires.

Wéi-tching, ou Pè-wang, le roi du Nord, est l'Ajax de l'armée insurrectionnelle. Il est de très-haute taille; il a le teint foncé d'un Malais; les poils noirs de sa moustache se détachent à peine sur sa peau bistrée. Il est âgé seulement de vingt-cinq ans. Sa force physique, son intrépidité, lui ont donné une très-grande position dans l'insurrection : on assure qu'il est natif du Kouang-Si.

Tels sont les cinq rois, dont les armées réunies agissent maintenant de concert. Ils sont tous jeunes et très-décidés à vendre chèrement leur vie en cas de défaite. Un très-grand nombre de fonctionnaires et d'officiers entourent ces chefs souverains. Nous ne mentionnerons que les deux premiers ministres, qui certainement sont destinés à jouer un rôle important si les insurgés atteignent leur but. Le premier ministre, Foung-je-tchang, a trente-sept ans; il est maigre, petit, d'un esprit plein de ruse et fécond en ressources; on sait qu'il est né dans la province de Canton.

Tche-Ta-Kaï, le second ministre, est fort laid; il est très-maigre, son teint est couleur de suie; sur son cou allongé repose une figure osseuse surmontée d'un crâne pointu; c'est un lettré, et on affirme qu'il est l'auteur de la plupart des proclamations qui ont été publiées dans les derniers temps. Cette circonstance ferait supposer que c'est un chang-ti, peut-être un membre de l'union de Gutzlaff. A la suite des ministres, viennent les hauts fonctionnaires de l'armée. On voit dès l'abord que les rois n'ont abusé ni des titres, ni des décorations; ce sont des soldats en campagne qui ne songent pas encore à s'empanacher de titres inutiles.

Les dignitaires sont divisés en trois catégories, et tous prennent le titre d'Excellence. Les dignitaires de la première catégorie portent des écharpes jaunes, et leur chevelure, que les ciseaux n'approchent plus, est cachée sous un mouchoir de soie. Ceux du second ordre portent les écharpes rouges ou vertes, et la pièce d'étoffe qui enveloppe leur tête est de même couleur. Il y a, en outre, un corps de propagandistes qui porte les mêmes insignes rouges et noirs; ceux-ci s'en vont par les villes prêchant la guerre sainte, répandant des écrits insurrectionnels, et recevant le serment des adeptes. Ce serment est ainsi formulé : « Que ceux qui ne sont pas unis de cœur avec nous soient emportés par le canon, ou coupés par tronçons avec l'épée, ou précipités au fond de la mer. »

La proclamation par laquelle ils appellent le peuple à l'insurrection est très-probablement l'œuvre du premier ministre. Voici dans quels termes elle est conçue :

« Le ciel favorise essentiellement la vertu, et tous les hommes possèdent naturellement un certain talent. Dès les temps les plus reculés, on a fait grand cas d'un extérieur convenable, et on a attaché la plus grande importance au cérémonial et à la musique. Mais voici que ces rôdeurs du désert aride, pénétrant dans nos palais, et s'emparant de nos maisons, n'ont point suivi les règles posées par Yao et Chun dans le gouvernement de l'empire, et ont forcé les êtres humains à prendre dans leur personne les apparences d'animaux privés de raison !!! Ceux qui étudient avec soin les œuvres de Confucius et de Mencius arrivent rarement par les examens aux dignités officielles, tandis que ceux qui apportent des arguments pécuniaires obtiennent les postes les plus élevés. Moi, dans le nombre, j'ai tenu mon nom caché jusqu'à présent, imitant le philosophe Tchouang-tze, qui résida à Po-Haï, et le patriote Lieou-chang, qui vécut dans la retraite à Han-Houa, et le sage Heou-yeou, qui déroba ses traces et son nom à Yao, en se cachant à Ko-Chan. Mes ancêtres ont été sujets de la dynastie des Mings, et, durant les deux cents ans qui se sont écoulés depuis sa chute, ils n'ont rien voulu avoir de commun avec la dynastie tartare. Moi-même, n'ayant aucun désir de recevoir des appointements accordés par les Mantchoux, me suis tenu dans la vie privée ; mais vous voyant opprimés par ce gouvernement tyrannique, et remarquant combien les fonctionnaires rapaces et les magistrats corrompus vous écrasent, en dépit de tous les principes d'humanité et de droiture ; observant, en outre, qu'on vous éloigne, vous, peuple, de l'affection mutuelle et de la pratique de la vertu, en poussant les grands et les petits à une émulation continuelle vers le lucre ; considérant enfin que la race aux cheveux noirs n'a personne sur qui elle puisse compter pour sortir de l'oppression où elle gémit ; pour ces causes, j'ai mis en campagne mes braves guerriers, et fourbi mes épées et mes lances ; et, unissant nos efforts dans la défense du droit, nous avons arboré l'étendard de la vertu avec l'intention bien arrêtée de renverser la dynastie et de ne déjeuner qu'après.

« Nous adorons avec respect le Seigneur suprême, afin d'attirer sa protection sur le peuple, et tous nos plans, tous les mouvements de notre armée n'ont qu'un but, celui de détruire les tyrans, à l'imitation de ce qu'ont fait Tching-tang et Ou-wang.

« Mais vous, Tartares, n'ayant ni des conseillers sages, ni des hommes politiques profonds, ni des généraux courageux, ni de bons soldats, vous avez engagé les nobles et les vieillards à enrôler leurs voisins, et avez forcé les braves villageois à s'armer pour votre défense. Chez les anciens, on employait une armée permanente à protéger le peuple ; mais vous, vous astreignez le peuple à devenir soldats.

« Vous vous plaignez souvent de ce qu'on ne vous donne pas assez, et dès que nos troupes avancent le moins du monde, vous abandonnez sans protection le peuple, et êtes les premiers à courir à toutes jambes. Sachez maintenant que nous avons pris la résolution de marcher à l'Est, et que nous avons le pouvoir de faire souffler, quand nous voulons, le vent qui conduit à ces parages. Nous avons en nous l'intelligence et le courage que donne le ciel ; comment se fait-il que vous, Tartares, ne compreniez pas encore qu'il est temps de ramasser vos os épars, et d'allumer des tranches de lard pour servir de signaux à votre effroi ? Pourquoi n'imitez-vous pas Yu et Kouéi, qui ont réglé leur différend à l'amiable ? Si vous êtes assez aveugles pour ne pas voir les signes précurseurs du nouvel empire, nous n'avons qu'à faire un geste aux troupes que nous avons mises en campagne, et elles monteront, d'un élan unanime, au haut du rocher de nos espérances, faisant une trouée à la barrière qu'on oppose à leur marche. Une fois que vous ne trouverez plus de défense dans votre citadelle doublée de fer, ni du repos dans votre palais émaillé de perles, de quoi vous servira votre inutile repentir !!! »

L'auteur de cette proclamation est un révolutionnaire de l'école moderne : mais il procède en même temps des anciens preux ; car il jure, lui aussi, de ne manger pain sur nappe, c'est-à-dire de ne pas déjeuner avant d'avoir renversé les tyrans. Mais au milieu de ces excentricités chevaleresques l'esprit chrétien se montre toujours ; c'est encore un adorateur de l'Être suprême qui parle.

L'organisation militaire des insurgés rappelle les centuries et les décuries romaines. Le premier grade est celui de sergent, lequel a sous ses ordres vingt-cinq hommes. Quatre sergents ou cent hommes sont commandés par un lieutenant. Une compagnie se compose de quatre cents hommes et de quatre lieutenants soumis à un capitaine. Le régiment renferme quatre compagnies, et un général fait manœuvrer quatre régiments, qui ont chacun un colonel.

Dans cette armée il y a un corps administratif et un corps d'officiers d'élite, comme nos corps d'artillerie et de génie. On les distingue à la couleur de leur écharpe et de leur coiffure. La masse des troupes ne porte pas d'uniforme ; on ne reconnaît les insurgés qu'à leur longue chevelure et à leur tunique simplement croisée sur le devant. Toute cette hiérarchie est parfaitement organisée d'ailleurs.

Au-dessus de ces soldats, de ces officiers, de ces grands dignitaires, des ministres et des rois, il y a encore le chef suprême, l'empereur Tièn-tè. On raconte que lorsque Tièn-tè est venu dans le Hou-Nan, à Keou-Teou-Chan, tous les rois feudataires, le roi pacificateur en tête, sont venus le recevoir à genoux. A cette occasion il tint cour plénière et il y eut des festins homériques. On abattit plus de cent bœufs, on fit rôtir plusieurs centaines de porcs, et, durant trois jours, les fêtes se succédèrent dans les districts récemment conquis. Après ces solennités, Tièn-tè retourna avec son conseiller intime dans l'impénétrable retraite où, au moment de la crise suprême, seront résolues les destinées de l'empire.

Sur ces entrefaites on distribua dans l'armée des hymnes religieux attribués au prétendant. Les chants sacrés, destinés à enflammer l'enthousiasme des soldats, renferment à la fois des pensées chrétiennes et certaines images tout à fait païennes. Les rédacteurs d'un journal anglais affirment qu'ils ont entre les mains un recueil de ces poésies. Le même journal fait observer à ce sujet que la dernière impératrice de la dynastie des Mings était chrétienne, qu'elle avait été baptisée sous le nom d'Hélène, et qu'elle correspondit pendant fort longtemps avec le pape.

Dans ce grand mouvement, les pamphlets, les pièces apocryphes, se multiplient. On distribue au nom des quatre rois de l'Est, de l'Ouest, du Sud et du Nord, une espèce d'homélie qui exhale un parfum méthodiste des plus caractérisés : il nous paraît impossible que quatre rois en collaboration, même quatre rois de la Chine, aient pu faire quelque chose d'aussi platement emphatique et ennuyeux ; mais l'un de nos grands journaux ayant inséré quelques fragments de cette pièce, nous croyons devoir la donner tout entière.

« Yang, roi de l'Est, et général en chef, et Siao, roi de l'Ouest, et aussi général en chef de la dynastie Taï-ping, rétablie dans le Céleste empire par la grâce de Dieu, publient conjointement cette proclamation, afin de faire savoir qu'ils ont reçu les ordres du ciel pour exterminer les méchants et sauver le peuple.

« D'après l'Ancien Testament, le Seigneur suprême, notre Père céleste, a créé, dans l'espace de six jours, le ciel et la terre, les montagnes et les mers, les hommes et les choses. Le Seigneur suprême est un père spirituel, invisible, tout puissant, sachant tout et présent partout. Il n'est, sous le ciel, aucune nation qui ne connaisse sa grande puissance.

« En consultant les souvenirs des temps passés, nous trouvons que, depuis la création du monde, le Seigneur suprême a souvent manifesté son déplaisir : comment se fait-il que vous, peuple de la terre, l'ignoriez encore ?

« Dans une première circonstance, le Seigneur suprême a fait éclater sa colère en faisant tomber une grande pluie pendant quarante jours et quarante nuits, laquelle a causé une inondation générale.

« Dans une seconde circonstance, le Seigneur suprême a manifesté son mécontentement, et est venu sauver Israël de la terre d'Égypte.

« Dans une troisième circonstance, il a déployé son imposante majesté lorsque le Sauveur du monde, le Seigneur Jésus, s'est incarné dans le pays de la Judée, et a souffert pour la rédemption du genre humain. Dans ces derniers temps, il a de nouveau montré son courroux lorsque dans l'année *ting-yeou* (1837) il a envoyé un messager céleste qui avait été chargé par le Seigneur du ciel de mettre à mort les bandes infernales. En outre, il a envoyé le roi céleste pour prendre les rênes de l'empire et sauver le peuple; depuis l'année *meou-chen* (1848) jusqu'à celle de *sin-haï* (1851), le Seigneur suprême a été touché des malheurs du peuple, qui était enveloppé dans les filets du démon. Dans la troisième lune de l'an dernier, le grand empereur parut, et dans la neuvième lune, Jésus, le sauveur du monde, s'est manifesté par d'innombrables actes de puissance, et par le massacre d'un grand nombre d'impies dans plusieurs batailles rangées : et comment les impies de l'enfer pourraient-ils résister à la majesté du ciel?

« Comment, ajouterons-nous, la colère du Seigneur suprême ne serait-elle pas enflammée contre des hommes qui adorent des esprits corrompus, qui se livrent à des actions impures, se rendant ainsi gravement prévaricateurs des commandements du ciel ! Pourquoi, vous tous, habitants de la terre, ne vous réveillez-vous pas ? Combien ne devez-vous pas vous estimer heureux d'être nés dans un temps où il vous est permis d'être témoin de la gloire du Seigneur suprême !

« Puisque vous tombez dans une époque comme celle-ci, où vous éprouvez le grand repos des jours célestes, il est temps pour vous de vous réveiller et de vous lever. Ceux qui accompliront les volontés du ciel seront conservés, mais ceux qui leur désobéiront seront taillés en pièces.

« Dans ce moment, ce diabolique Tartare Hièn-Foung, originairement esclave mantchou, est l'ennemi juré de notre race chinoise ; bien plus, il a induit nos frères à prendre les habitudes des démons, à adorer le mal, à désobéir au véritable esprit, et à se révolter ainsi contre le Seigneur suprême. Aussi le ciel ne le tolérera-t-il pas davantage, et les hommes ne manqueront-ils pas à la détermination prise de le détruire. Hélas ! vous, réunion d'hommes vaillants, paraissez ne pas savoir que chaque arbre a ses racines, que chaque ruisseau a sa source. Vous paraissez vouloir renverser l'ordre des choses, car, tout en courant après le moindre avantage, vous faites un détour, et vous servez vos propres ennemis ; et vous trouvant enveloppés par la ruse du méchant, vous entrez en une révolte d'ingratitude contre votre véritable Seigneur. Vous ne semblez pas vous rappeler que vous êtes les vertueux étudiants de l'Empire du milieu, et les honnêtes sujets de la dynastie céleste ; et ainsi vous portez facilement vos pas dans le chemin de la perdition, sans avoir pitié de vous-mêmes.

« Et parmi vous, hommes courageux, il en est beaucoup qui appartiennent à la société de la Triade, et qui ont fait le pacte de sang qu'ils uniraient leurs forces et leurs talents pour l'extermination de la dynastie tartare. Qui a jamais vu qu'après un engagement solennel il y ait des hommes qui tournent le dos à l'ennemi commun !

« Maintenant, il doit y avoir dans les provinces un grand nombre d'hommes décidés, de lettrés fameux et de vaillants héros : nous désirons donc que vous arboriez haut l'étendard, que vous annonciez hautement votre résolution de ne plus vivre sous le même ciel que les Tartares, et que vous cherchiez à acquérir des mérites au service du nouveau souverain. Voilà ce que nous, ses généraux, désirons avec ardeur.

« Notre armée, désireuse de faire prévaloir les bons sentiments par lesquels le seigneur suprême se plaît à épargner la vie de l'homme et à nous recevoir dans un baiser de compassion, a porté la bienveillance dans sa marche, traitant tout le monde avec charité. Nos généraux et nos troupes observent la plus grande fidélité dans les récompenses dues au pays. Ces intentions sont connues de vous tous. Vous devez savoir que depuis que le ciel a mis en avant le vrai souverain pour gouverner le peuple, c'est à vous de venir en aide pour établir sa domination. Bien que nos diaboliques ennemis se comptent par millions, et leurs plans astucieux par milliers, comment peuvent-ils résister au ciel ?

« Tuer sans prévenir est chose contraire à nos sentiments ; et se tenir dans l'inaction, sans s'occuper de sauver le peuple, ce n'est point chose qui convienne à des gens bienveillants : c'est pourquoi nous publions cette proclamation en vous pressant, ô peuple ! de vous repentir en toute hâte et de vous réveiller avec énergie. Adorez le vrai esprit et rejetez les esprits impurs ; soyez hommes une bonne fois, et cessez d'être les suppôts du diable, si vous voulez obtenir de longs jours sur la terre et la félicité dans le ciel. Mais, si vous persévérez dans votre stupide obstination, le jour de la destruction arrivera pour les pierres précieuses, comme pour les cailloux, et alors vous aurez beau vous ronger les mains de désespoir ; il sera trop tard pour se repentir ! »

Voici une autre proclamation que les insurgés ont répandue à profusion dans le Hou-Kouang. Cette œuvre, véritable sermon politique, a les qualités et les défauts du genre, et par-dessus tout le cachet spécial qui distingue les productions intellectuelles élaborées dans le Céleste empire.

« Kouo, le grand général en chef des forces

actuellement en possession du territoire dans la province du Hou-Pé, publie cette proclamation :

« En réfléchissant sur l'origine et la chute des empires, nous voyons que lorsqu'un pouvoir perd l'affection du peuple, il est sur le point d'être brisé; et en cherchant à nous rendre compte des dispositions bienveillantes ou hostiles du ciel, nous voyons que tout pouvoir doué de la vertu reçoit sans cesse un accroissement de force. Pendant les deux cents dernières années, la dynastie mantchoue des Tsing a distribué les dignités officielles avec le plus grand désordre, ne faisant aucun cas des plaintes de la nation. Mais l'empereur Tièn-tè, d'un seul éclat de sa colère, a rendu la paix au peuple; attaquant l'oppresseur en face, sondant en silence les destinées qui font vivre ou succomber les dynasties, il a levé une armée pour la défense du bien et du droit. Il a pris pitié de vous, étudiants dévoués et habitants vertueux du Hou-Kouang, donnant cours à ses sentiments les plus tendres, et il a commencé le massacre des fonctionnaires voraces et des magistrats corrompus, ne mettant aucune borne au carnage. Vous, maintenant, étudiants et peuple, qui avez résolu de faire cause commune avec lui contre l'ennemi de tous, ne vous laissez pas ébranler dans votre détermination. Ceux parmi vous qui ont de la fortune doivent contribuer suivant leurs moyens à l'entretien des troupes; ceux qui sont pauvres doivent choisir parmi eux les hommes les plus forts et les plus jeunes, afin de grossir les rangs de notre armée. Quiconque pourra faire prisonnier un mandarin civil ou militaire recevra dix mille pièces de monnaie de récompense; et quiconque apportera une tête de mandarin recevra trois mille pièces. Mais si on avait l'audace de désobéir à nos ordres, nous sommes résolus à livrer au pillage les villes récalcitrantes. Qu'on se garde donc de donner lieu à des regrets tardifs. Tel est l'objet de cette proclamation.

« Première année Taï-Ping de la dynastie des Mings postérieurs, troisième lune, sixième jour (25 avril 1852). »

Les pièces de monnaie promises par Kouo aux chasseurs de mandarins ne sont certainement que des sapèques, ce qui met au plus bas prix la tête des hauts fonctionnaires. Un globule rouge, vivant et en bon état, n'est payé par les rebelles que cinquante francs, et la tête d'un globule bleu ne vaut pas à leurs yeux plus de trois pièces de cent sous. On le voit, il est plus lucratif de chasser le loup dans les Alpes et dans les Ardennes que les mandarins en Chine.

Après s'être emparés de la capitale du Hou-Pé et des grandes villes qui en sont comme les annexes, les rebelles descendirent le Yang-Tze-Kiang, et ils occupèrent successivement Kieou-Kiang, Gan-King et Ou-Hou. A cette nouvelle, le gouverneur général du Kiang-Nan se porta sur Nankin à la tête de toutes les troupes qu'il put rassembler, et il ordonna de concentrer sur la capitale menacée toutes les forces disponibles. Le long du Yang-Tze-Kiang, les fonctionnaires et les riches marchands sont frappés d'épouvante; les mandarins préparent la défense des villes, et les négociants avisés de Sou-Tcheou et de Tchen-Kiang, peu préoccupés de la défense de leurs pays, s'enfuient en grande hâte, emportant avec eux leurs richesses. C'est un sauve-qui-peut général. Au milieu de cette panique, l'argent se resserre, les substances alimentaires deviennent rares, le prix de l'or est à un taux exorbitant, et le riz triple de valeur. Les rebelles, profitant de cette stupeur, s'emparent de tous les navires marchands qui naviguent sur le fleuve, et c'est avec une flotte formidable et une armée de cinquante mille hommes que les cinq rois se présentent devant Nankin.

Cette ville, qui renferme plus de cinq cent mille habitants, était sous les Mings, sous l'ancienne dynastie que Tièn-tè a la prétention de représenter et qu'il veut restaurer, la capitale de toute la Chine. Son enceinte est pour le moins trois fois plus considérable que celle de Paris; mais au milieu de ses rues désertes on trouve de grands espaces labourés, et l'herbe croît sur les quais, bordés naguère d'un triple rang d'embarcations.

Nankin est assise dans une immense plaine, sillonnée de canaux aussi nombreux que ceux qui traversent le corps humain. C'est au milieu de ses campagnes fécondes un entre-croisement continuel de ruisseaux et de cours d'eau navigables. Les rives sont plantées de saules et de bambous aux tiges droites, au feuillage sombre. C'est dans les campagnes de la province de Nankin que croît le coton jaunâtre avec lequel on fabrique ce tissu qu'on exporte en quantités énormes ; c'est là aussi qu'on moissonne la plus grande partie du riz qui se consomme dans l'empire. Le Kiang-Nan ou province de Nankin est le plus riche fleuron de la couronne du Fils du ciel.

Rien dans la vieille Europe ne peut donner une idée de sa fécondité, ni les plaines de la Beauce, ni les plaines de la Lombardie, ni même la Flandre, cette terre opulente entre toutes. Dans le Kiang-Nan, deux fois l'année les champs se couvrent de moissons, et ils donnent sans interruption des légumes et des fruits. Sur la lisière des terres ensemencées croissent les légumes les plus savoureux du monde : le pè-tsaï, ce chou qui tient de la laitue et du cabus, la moutarde amère, les melons d'eau, les patates, la pomme de terre et les cent espèces de haricots que produit le Céleste empire.

Nous avons eu le bonheur de nous asseoir à l'ombre des vergers qui bordent le Ou-Soung, une des nombreuses veines qui fécondent la province du Kiang-Nan ; nous y avons cueilli de nos mains les jujubes charnues, que les voyageurs ont souvent prises pour des dattes, les grenades aux grains transparents, les pêches monstrueuses auprès desquelles les plus belles espèces de Montreuil ressemblent à des fruits sauvages, et les diospyros aussi gros que des tomates. Nous avons vu courir dans les guérets des faisans écarlates et leurs frères aux plumes nacrées.

Cette province nourrit trente-huit millions d'habitants, dix fois plus que la Belgique, dix fois plus que la Hollande, un peu plus que la France. Et cependant les bonnes gens nos compatriotes, ceux qui ont le bonheur de se figurer que notre nation est la plus riche, la plus puissante, s'imaginent aussi que leur pays est le plus peuplé de l'univers.

Nankin est bâtie dans l'eau. C'est une ville, comme Rotterdam, entourée de marais fertiles et d'eaux poissonneuses. Vers le sud, le fleuve s'élargit tout à coup et forme une espèce de lac semé d'innombrables îlots. Là sont cachées, sous les arbres touffus, les maisons de plaisance des mandarins. C'est dans ces mystérieuses retraites que les libidineux poussahs dérobent aux regards envieux du vulgaire leur volière, peuplée des pâles oiseaux élevés dans les cages de Sou-Tcehou-Fou, cette ville des voluptés, que peint d'un mot le proverbe chinois : « Dans l'autre monde, il y a le paradis, et dans celui-ci Sou-Tcheou-Fou ! »

Ces femmes poëtes, ces Aspasies jonquilles, composent des vers charmants, dans leur langage naïf et passionné; mais la jalousie de leur maître ne leur permet de les chanter qu'à ces rives sans écho. Sur les eaux indolentes du lac, sur les eaux plus rapides du fleuve, naviguent les plus élégantes embarcations du monde et des milliers de jonques qui vont porter jusqu'aux extrémités de l'empire les produits industriels et agricoles du pays.

Nous avons déjà dit que Nankin était bien déchu de son ancienne splendeur : en effet, les remparts de la ville ancienne forment un si vaste circuit, que, du sommet des coteaux qui la dominent, le regard ne saurait distinguer ces murs ruinés. La ville moderne, qui cependant renferme cinq cent mille âmes, paraît un village à côté de l'immense cité dont l'enceinte seule est restée debout.

C'est au centre de la ville moderne qu'est bâtie la tour à neuf étages, presque aussi connue du bourgeois parisien que le tissu jaunâtre dont il fait faire ses pantalons d'été.

La pagode à neuf étages est un vieux monument du temps des Mings; on en trouvera la description dans la suite de ce récit. C'est devant les murs de Nankin que sont campés les cinq rois coalisés. Troie est là, défendue par une garnison formidable, mais le vieux Priam est mort, et Hector est à Pékin!

CHAPITRE XV.

PROCLAMATION DE L'IMPÉRATRICE. — DISGRACE DE SIU.

Tandis que les armées impériales sont partout vaincues, que des symptômes de rébellion se manifestent dans les provinces centrales, et que le Kiang-Nan est envahi, l'empereur Hièn-foung accomplit un grand acte politique. Il fait asseoir à ses côtés une femme jeune et belle, et l'appelle à partager avec lui le fardeau du pouvoir; on dirait qu'il veut conjurer l'orage qui s'approche par le prestige de la beauté. C'est le seul acte progressif que Hièn-foung ait accompli depuis le commencement de son règne. Jusque-là, semblable aux autres rois barbares, il n'avait eu pour auxiliaires que la violence et la ruse; aujourd'hui, il s'appuie sur un être jeune et gracieux, qui doit avoir au fond du cœur des sentiments de commisération et de pitié. L'action de Hièn-foung est d'autant plus remarquable, qu'elle n'est pas de nature à flatter les préjugés vulgaires. Les peuples corrompus de l'Orient, habitués à considérer une femme comme un être inférieur, ne sauraient lui savoir gré d'avoir fait passer dans des mains charmantes le sceptre impérial. Le cerveau d'un Chinois de basse condition ne saurait comprendre qu'une jeune dame de haute extraction puisse modifier par sa douce influence une âme faible et violente, et conjurer ainsi les calamités du temps présent.

L'empereur crut devoir, par un manifeste spécial, annoncer sa détermination à ses sujets, et la *Gazette officielle de Pékin* le *Kin-Sin-Pao*, le *Moniteur des dix-huit provinces*, dont la grande voix s'adresse à trois cent soixante millions d'habitants, fit précéder la proclamation impériale d'un premier Pékin sur le même sujet. Nous allons donner ces deux pièces remarquables. Voici d'abord l'article du journal chinois :

« Les mariages et les naissances étant des événements relatifs à la vie privée, l'empereur n'en doit pas la communication à ses sujets. Le peuple n'a aucune raison de se réjouir de ce qu'il plaît à Sa Majesté d'introduire une femme de grande beauté dans le sanctuaire intérieur. Il en est de même de la naissance d'un enfant ; Sa Majesté ayant le droit de désigner lui-même son successeur, et de désigner non-seulement celui de ses enfants qu'il a jugé digne de régner, mais aussi un homme de mérite étranger à sa famille, la nation ne peut prendre part à la naissance d'un prince qui peut-être ne sera pas appelé à succéder à son père. Mais il n'en est pas ainsi lorsque le Fils du ciel prend la détermination, à l'exemple de quelques-uns de ses glorieux ancêtres, de faire asseoir à ses côtés la femme qu'il a épousée et de l'élever au rang d'impératrice régnante. Alors il annonce au monde cet heureux événement, afin que le monde sache quelle est la femme vertueuse qu'il juge digne de régner avec lui. C'est pourquoi Sa Majesté le grand empereur a fait à la nation la communication de sa volonté. Depuis longtemps déjà le peuple aurait eu connaissance de cet événement, mais, pour le déclarer, le Fils du ciel a dû attendre que la première période du deuil de son glorieux père fût écoulée. Le lendemain du 7 de la première lune, le ministère des rites fera officiellement enregistrer dans les annales de l'empire et afficher sur papier jaune en langue mantchoue et en chinois la proclamation de Sa Majesté, afin que dans tous les pays, dans les villes comme dans les hameaux, personne n'en ignore. »

A la suite de cet article, vient le manifeste impérial. Nous avons traduit cette pièce avec le plus grand soin, et nous avons ensuite collationné notre travail avec les traductions de la même pièce faites par les Européens résidant en Chine, et notamment par un historien de l'insurrection, qui nous a précédés, le docteur Macgowan, membre de la *Missionary medical Society*, homme d'érudition, de dévouement, lequel jouit d'une haute réputation en Chine et notamment à Ning-Po, où il habite depuis nombre d'années.

« L'empereur, par la volonté du ciel et la révolution perpétuelle du monde, dit :

« De même que dans la nature nous voyons la

terre obéir aux lois des corps célestes, auxquels elle est néanmoins d'une importance essentielle, de même nous apprenons des Livres canoniques, que les bons empereurs se sont procuré le concours d'impératrices exemplaires. Par exemple, l'excellente *Ngo-taï*, femme de l'éminent empereur *Chun*, et la digne épouse du grand *Yu*, ont été parfaites dans l'accomplissement des devoirs domestiques, et ont donné des exemples qui ont été de hauts enseignements pour tout l'empire.

« Absorbé nuit et jour par les vastes occupations inhérentes à l'héritage que le ciel m'a confié par l'intermédiaire de mes pieux ancêtres, j'ai besoin d'un aide animé du même esprit que moi. *Niu-lou-kou* est une dame d'honorable extraction, dont l'excellent caractère est hautement estimé dans l'intérieur du palais, où la bonté naturelle de ses penchants et la conduite exemplaire de toute sa personne se manifestent par son exactitude à s'acquitter des devoirs domestiques : instruite par l'antiquité, elle ne craint pas de laver de ses propres mains le linge fin ou grossier. Frugale et complaisante, bienveillante et douce, elle mérite d'être mise dans la possession de toutes sortes de félicités. Nous voulons par conséquent qu'elle soit revêtue du costume impérial et qu'elle soit à la tête des dames des six pavillons. Selon l'usage antique, je ferai respectueusement part de cet événement au ciel, à la terre, aux mânes de mes ancêtres, et aux esprits tutélaires du territoire et des moissons, le 7 de la première lune, jour où elle aura un siége à côté de nous sur le trône impérial : et alors il sera officiellement enregistré dans les archives, que la vertueuse et digne dame *Niu-lou-kou* est constituée impératrice. A partir de ce jour-là, elle aura sa résidence dans le palais des Nénuphars, et nous aidera à administrer dans l'enceinte parfumée de ses appartements.

« Puisse-t-elle être heureusement féconde, comme elle est riche en vertus !

« Dans cette joyeuse circonstance, nous voulons que les grâces suivantes soient accordées. »

(Suit une longue série de faveurs accordées principalement à des dames, et de rémissions de peines encourues pour délits administratifs.)

La nouvelle impératrice ayant été solennellement proclamée, les membres de la famille impériale, les ministres, les hauts dignitaires de l'empire, conduits par le président du tribunal des rites, firent arriver aux pieds de leur jeune souveraine l'expression de leur respectueux dévouement. En Chine, les hommes ne sauraient être reçus par les femmes ; c'est pourquoi le cérémonial eut lieu dans les formes suivantes : toute cette assemblée se rendit dans la salle du trône, quatre des principaux fonctionnaires portant un dais de brocard jaune, sous lequel était déposé un petit livre relié. Lorsque l'on fut devant le siége impérial, tous les visiteurs s'agenouillèrent comme si Hièn-foung eût été présent, et frappèrent trois fois la terre du front. Alors le chef des eunuques introduisit l'empereur ; à peine fut-il assis, que le président du tribunal des rites prit sous le dais de brocard le livre qui y était déposé, et, accompagné de de deux assesseurs, il s'avança au pied du trône. Les trois dignitaires s'agenouillèrent de nouveau, et le président du ministère des rites lut d'une voix sonore le compliment que l'académie des Han-Lin avait composé pour l'impératrice. Après quoi ils se retirèrent : ce fut ainsi qu'ils rendirent leurs devoirs à la jeune souveraine.

Dans l'après-midi, les princesses du sang impérial, les princes, les femmes des ministres et des hauts dignitaires répétèrent la même cérémonie auprès de l'impératrice elle-même. Ces dames étaient présidées par une dame d'honneur qui remplit des fonctions analogues à celles de maître des cérémonies. L'impératrice s'assit sur son trône, les dames s'agenouillèrent et frappèrent seulement une fois la terre de leur front. Après quoi la grande maîtresse du palais lui présenta, écrit sur une grande feuille de papier enjolivée de charmantes peintures, le compliment qu'on avait lu le matin à l'empereur. Le même jour, la nouvelle impératrice fit publier un édit par lequel elle annonçait qu'elle accordait des grâces spéciales à toutes les vieilles femmes de l'empire. Cet usage, qui se pratique de temps immémorial en Chine, est en quelque sorte une aumône de joyeux avénement que la jeunesse et la beauté, comblées d'honneurs et de puissance, payent à la vieillesse pauvre et laborieuse. Ce don consiste en quelques mesures de riz et en quelques pièces d'étoffe. Il représente pour la Chine entière la valeur de plus d'un million de taëls qui sont pris sur la cassette impériale : ajoutons que les femmes âgées de plus de soixante et dix ans participent seules à ces largesses.

La proclamation de l'impératrice est un épisode charmant au milieu de l'iliade chinoise. A peine abandonnons-nous ce sujet, que nous retombons dans les exécutions, les disgrâces, les combats et les édits impériaux.

Notre ami Siu a été cette fois précipité du faîte des grandeurs, comme on disait il y a cent ans. Lorsque la nouvelle en parvint à Canton, un fonctionnaire, ami du vice-roi, fit secrètement prévenir sa femme légitime; la prudente dame eut ainsi le temps de mettre en sûreté les objets les plus précieux. Le lendemain, lorsque les agents du gouvernement mirent le séquestre sur les biens mobiliers et immobiliers, ils trouvèrent le palais nu et les coffres à peu près vides. Les agents, désappointés, ouvrirent aussitôt le gynécée du vice-roi, et mirent en liberté les colombes chancelantes qui roucoulaient à travers les barreaux incrustés d'ivoire et d'ébène de leur volière. Quant à Siu, les uns affirmèrent qu'après une nouvelle défaite il s'était suicidé; d'autres, qu'il avait eu la tête tranchée, ce qui eût donné raison au présage qui l'avait poursuivi à sa sortie de Canton ; d'autres encore, qui peut-être le connaissaient mieux, dirent tout bas qu'il avait passé du côté des rebelles. Nous ne tarderons pas à savoir laquelle de ces suppositions est véritable ; nous désirons, quant à nous, en reconnaissance de l'amusement que nous a procuré le vice-roi, que la dernière se confirme ; sa tête y courrait moins de danger.

Le Tao-taï de Chang-Haï, plus européen que les autres chinois, a fait acheter des navires américains pour les armer contre les rebelles, et des négociants de Macao lui ont fourni des canons ! L'empereur, de son côté, en apprenant que les insurgés se sont emparés de toutes les jonques qu'ils ont rencontrées, rend un décret qu'on peut formuler ainsi :

Art. 1er. Quiconque s'emparera de la flotte des rebelles en deviendra propriétaire ; toutes les richesses qu'elle renferme lui appartiendront, à l'exception de la poudre et des armes.

Art. 2. Quiconque incendiera l'armée navale insurgée sera largement récompensé.

Art. 3. Tout individu ayant tué un ou plusieurs chefs aux longs cheveux aura bien mérité de la patrie.

Ce décret était suivi d'une autre pièce officielle dans laquelle l'empereur recommandait d'adresser des prières à la déesse Kouan-in, afin qu'elle accordât un bon vent aux bateaux chargés de grain que les provinces méridionales envoient chaque année en tribut au Fils du ciel.

Du théâtre de la guerre on ne reçoit aucune nouvelle certaine; une seule lettre, arrivée des environs de Nankin, affirme qu'une conspiration a éclaté dans cette ville, et que les conjurés pris en flagrant délit d'incendie ont été massacrés jusqu'au dernier. La même missive fait mention d'un combat livré à Taï-Ping dans lequel les impériaux, d'abord vaincus, avaient fini par triompher. Un général tartare appelé Tchang-king-se étant arrivé à la tête de quatre mille hommes de troupes fraîches, les choses changèrent subitement de face; les quatre mille Tartares tuèrent neuf mille rebelles : deux ennemis un quart chacun! Ce combat en deux actes dura vingt-quatre heures, ajoute le narrateur; on se battit sans boire ni manger, ce qui paraît peu probable, surtout à quiconque connaît le robuste appétit des enfants de la Terre des fleurs. Mais ce sont là des bruits extravagants que répandent les mandarins après chaque désastre.

Une défaite des impériaux est immédiatement suivie d'un bulletin annonçant une victoire complète. Le Tao-taï de Chang-Haï va même plus loin que ses collègues : il promet dans une proclamation spéciale une victoire à jour et à heure fixe; pour peu qu'on l'en priât, le brave globule bleu rédigerait d'avance le bulletin et le récit de l'action. D'ailleurs, les détails que nous venons de reproduire, relatifs à la bataille du général Tchang-king-se, n'ont aucun caractère officiel, nous les donnons pour ne rien omettre, et pour montrer l'incertitude qui règne sur le véritable état des choses et combien peu il faut croire aux bruits que le gouvernement a intérêt à répandre. Un Chinois ment souvent, très-souvent ; un mandarin ment toujours. Deux faits sont acquis et incontestés, les insurgés sont devant Nankin, et le danger a paru tellement pressant, que les agents du gouvernement chinois rapprochés du théâtre des événements, malgré leur antipathie pour les Européens, ont fini par implorer le secours de leurs armes.

CHAPITRE XVI.

PRISE DE NANKIN. — ÉDITS IMPÉRIAUX. — PROCLAMATIONS INSURRECTIONNELLES. — ATTITUDE DES EUROPÉENS. — PROGRÈS DE L'INSURRECTION.

Nankin est au pouvoir des insurgés ! L'armée victorieuse du prétendant est entrée dans l'ancienne capitale de l'empire, et les deux villes rivales, Nankin et Pékin, ont chacune leur empereur ! Nous ne connaissons pas les détails de ces événements ; mais dès ce moment nous pouvons en prévoir la portée. Un des hommes qui connaissent le mieux la Chine, sir John Davis, apprécie ce résultat en ces termes :

« Cette ville serait l'endroit le plus accessible à une flotte européenne ; et comme le canal entre dans le grand fleuve un peu au-dessous de la ville, vers la mer, le blocus de l'embouchure du canal et du Yang-Tze-Kiang ne pourrait manquer de mettre l'empire aux abois, et surtout la capitale, qui est approvisionnée par les provinces méridionales. »

Ces lignes, écrites il y a plus de vingt ans, étaient en quelque sorte prophétiques. Lorsque les glorieux compatriotes de sir John Davis s'embossèrent devant Nankin et maîtrisèrent ainsi l'embouchure du canal, les mandarins vinrent humblement faire leur soumission et demander la paix; ils comprirent que les soldats de la reine de la Grande-Bretagne s'étaient emparés des clefs de la Chine, et qu'il ne tenait qu'à eux d'affamer l'empereur dans son palais.

Il faut reconnaître cependant qu'une armée chinoise est bien moins redoutable pour des soldats indigènes qu'une armée européenne ; et en cette circonstance les troupes impériales ont en face des adversaires qu'elles peuvent combattre à armes égales. D'ailleurs, dès à présent, les insurgés n'ont plus seulement à redouter les tigres enrégimentés; leur ennemi le plus implacable est autour d'eux; c'est l'air qu'ils respirent. Nos armées européennes triomphent de tout. même des délices de Capoue; mais ces bandes, ramassées au hasard pendant une marche insurrectionnelle de plus de trois cents lieues, ne sauraient avoir au même degré le sentiment du devoir. Ces hommes, recrutés parmi les populations ardentes du Kouang-Toung, du Kouang-Si et du Hou-Kouang, auxquels se sont joints des milliers de Miao-Tze à demi-sauvages, irrités par les privations et exercés à la convoitise, ne lutteront pas contre les séduisants dangers qui les entourent. La discipline sévère que les rois coalisés font observer à leurs troupes a triomphé des ruses de Siu et de la bravoure de Ou-lan-taï, mais elle sera peut-être impuissante contre les voluptés du Kiang-Nan.

Nous avons tâché de donner une idée de cette terre féconde, nous avons décrit sommairement cette riche contrée où rien n'est inculte, rien n'est improductif. Nous disons rien, dans le sens absolu du mot; car les ruisseaux eux-mêmes, qui répandent dans les champs les eaux vivifiantes, ne sont pas des espaces perdus; le fond en est cultivé, et leur courant berce les grandes feuilles des nelumbium, dont on mange les racines et les fruits, ou bien ils font trembler les tiges déliées des cyperus esculentus ou des trapa bicornis, dont les produits amylacés sont une nourriture excellente. Maintenant, il nous reste à faire connaître Nankin, la rivale de Sou-Tcheou-Fou, Nankin, la ville savante et la ville des plaisirs.

Pour un Chinois, rien n'est beau, rien n'est bon, rien n'est gracieux, élégant, de bon goût, que ce qui vient de Nankin ou de Sou-Tcheou-Fou. Peuple essentiellement routinier, nous n'avons qu'une ville qui donne la mode et le ton, les Chinois en ont deux. Les fashionables du Céleste empire sont divisés en deux écoles, l'une relève de Nankin, l'autre de Sou-Tcheou-Fou. On ne sait encore laquelle des deux l'emportera. Quant à Pékin, la ville gouvernementale, son suffrage n'est d'aucun poids dans les affaires des plaisirs et dans les affaires de goût ; elle a le monopole de l'ennui. C'est à Nankin que résident les littérateurs, les savants, les danseurs, les peintres, les archéologues, les joueurs de gobelets, les médecins, les poëtes et les courtisanes célèbres. Dans cette charmante cité, on tient des écoles de science, d'art et de plaisir ; car dans ce pays le plaisir est en même temps un art et une science. Malte-Brun prétend qu'il y a dans cette ville littéraire et savante un institut et une académie de médecine. Les géographes seuls sont capables d'inventer de pareilles calomnies ; il n'y a à Nankin ni académiciens ni académie.

Les riches oisifs de tous les pays de l'empire se rendent alternativement à Sou-Tcheou-Fou et à Nankin ; dans ces deux villes, ils passent leurs journées dans les ateliers des peintres, dans les cabinets des savants, qui sont, comme chez nous, possédés de la manie du bric-à-brac ; ils vont applaudir les acteurs en renom, et finissent leur soirée en compagnie des poëtes et des courtisanes. Le Kiang-Nan est un peu l'Italie de la Chine : les grandes affaires de la vie sont la poésie et l'amour. Les parents élèvent leurs filles pour plaire; parfois ils les vendent à de riches mandarins; d'autres fois ils les lâchent dans le monde avec leur jolie figure et leurs talents, et alors elles sont à peu près les femmes les plus heureuses de l'empire. Auprès d'elles, les Chinois sont empressés et toutes les bourses volent sur leurs pas. Les femmes de Nankin ne sont pas seulement les femmes les plus belles de Chine, elles sont aussi les plus élégantes.

A Canton, le mandarin Pan-se-tchèn avait dans son gynécée deux colombes de Nankin. Elles avaient environ dix-sept ans; elles étaient gracieuses et toutes mignonnes; leur taille n'était pas supérieure à celle d'une jeune fille de treize ans; leurs traits enfantins étaient pleins de délicatesse; elles ressemblaient à ces poupées que les artistes des journaux de modes donnent comme des spécimens de dames françaises. Leurs paupières noires et tirées vers les tempes laissaient voir à peine, à travers une fente étroite et soyeuse, leurs petits yeux noirs pleins de vivacité; leur bouche étroite ressemblait à une ligne de carmin. L'une avait les pieds comprimés, l'autre, au contraire, les portait tels que la nature les lui avait donnés; ceux de cette dernière étaient les plus gracieux du monde : quand on a des pieds pareils on doit marcher sans souliers ou chausser des pantoufles de verre. Ces jeunes filles portaient autour de la tête un étroit bandeau de satin noir, orné de perles, de grenats et d'émeraudes. Elles étaient couronnées de fleurs de lan-hoa, aux senteurs pénétrantes; cette guirlande parfumée entourait leur chevelure réunie en aigrette. Leur figure était blanche comme le lait : en Chine le fard est blanc ; elles étaient si bien badigeonnées, qu'elles ressemblaient réellement aux dessins fantastiques qui couvrent les paravents et les éventails, où l'on voit des essaims de jeunes filles qui s'envolent, voluptueuses visions des artistes du Royaume des fleurs. L'éducation de ces enfants avait été très-soignée. Elles faisaient des vers qu'elles chantaient en s'accompagnant du *kin*, sorte de lyre primitive où huit cordes en soie vibrent doucement sur une longue table d'harmonie en ébène incrusté de nacre. C'est là le piano du Céleste empire, instrument discret qui ne ressemble guère à la bruyante machine qui gronde trop souvent dans nos salons sous les doigts les plus délicats.

Telles étaient les jeunes filles de Nankin que nous avons vues ; et les voyageurs qui ont eu le privilége d'entrer dans les élysées chinois en font des descriptions semblables. Tous les canaux de la ville artistique sont couverts d'élégants bateaux conduits par des marinières ; ces embarcations portent au centre un pavillon discrètement fermé ; c'est le réduit qu'habitent quelques jeunes filles semblables à celles dont nous venons de parler ; tous les meubles de ces boudoirs flottants sont en bois noir comme du marbre incrusté d'argent ou d'ivoire. Des siéges de porcelaine et des divans de rotins sont distribués autour de cette cabine somptueuse. Les Chinois ont un goût prononcé pour les jouissances aquatiques ; un plaisir n'est guère au complet que lorsqu'ils sont assis sur ces planchers mouvants; aussi ces bateaux voluptueux sont-ils, jour et nuit, fréquentés par des hommes qui boivent, qui mangent, qui fument et qui dorment. Pour les gens moins aisés, il y a des tavernes moins somptueuses; mais personne n'est pauvre sur cette terre qui produit sans cesse, sous ce beau ciel tout rayonnant de lumière, le long de ces canaux qu'ombragent les bambous et que parfume l'*olea fragrans!*

Jusqu'à présent les insurgés, sur leur route, ont fait de nombreuses recrues; aujourd'hui, dans le riche Kiang-Nan, ils auront des adhérents, mais ils n'auront plus de complices. Les tentatives révolutionnaires, bonnes ou mauvaises, ont, dès leur début, le malheureux privilége d'attirer à elles les désespérés de toute espèce, qui attendent d'un changement quelconque une amélioration à leur sort; aussi, dans les contrées favorisées où le bien-être est généralement répandu, une armée insurrectionnelle réunit ordinairement peu d'adhérents. C'est pourquoi les rebelles, qui ont très-probablement la sympathie des populations, ne doivent compter désormais que sur l'effectif actuel de leurs troupes, et combattre avec leur seule énergie les soldats envoyés contre eux de Pékin et l'influence énervante du milieu où ils sont arrivés.

Nous allons maintenant passer en revue les événements qui se sont accomplis durant les derniers mois de cette année. Le premier acte que nous lisons dans le *Moniteur de Pékin* est un décret impérial relatif à la mort de Siao-tchao-koueï, lequel prenait le titre de Si-wang ou roi de l'Ouest; d'après le rapport d'un général, ce chef rebelle aurait été tué par l'explosion d'un canon, et l'empereur ordonne qu'on fasse subir à son cadavre un supplice rétrospectif. Dans le même décret, le souverain magnanime apprend lui-même à ses sujets que l'on a arraché de la poitrine de quelques malheureux prisonniers leur cœur encore palpitant, et qu'on l'a offert en holocauste aux mânes des soldats morts en défendant la puissance impériale. Nous donnons en entier ce décret, empreint d'un caractère de barbarie qui n'est pas propre à concilier au despote qui règne à Pékin les sympathies de nos pays civilisés. Ce n'est que le délire d'une rage impuissante qui peut dicter de pareils décrets :

« Il paraît, d'après le rapport de Tchang-léang-ki, que le rebelle Siao-tchao-koueï a été tué par une explosion. Cet homme, regardé comme un des plus distingués et des plus audacieux parmi les rebelles, avait pris le titre de roi de l'Ouest. Lorsque, il y a quelque temps, Lo-au et quelques autres furent faits prisonniers, ils dirent que le rebelle en question avait été tué par l'explosion d'une pièce de canon à Tchang-Cha, et que son corps était enterré à Lao-Loung-Tan. Sur cela, la sépulture a été fouillée, et l'identité du corps ayant été établie, on l'a coupé en morceaux pour servir d'exemple. Lo-ou et ses compagnons, au nombre de six, eurent le cœur arraché de leurs entrailles, et ces cœurs, encore palpitants, furent offerts aux mânes des officiers et des soldats qui ont péri dans le combat.

« Les rebelles Houng-sieou-tsuèn et autres, qui ont porté le désordre dans les provinces du Kouang-Si et du Hou-Kouang, remplissent la mesure de leurs iniquités. Outre le susdit Siao-tchao-koueï, un nommé Wéi-tching, autre chef fameux des insurgés, a été conduit à une fin prématurée à Tching-Tcheou, par l'action d'êtres invisibles; un autre, nommé Che-ta-kaï, fut tué par nos soldats lorsqu'il fuyait à Ho-Se; et, d'après le témoignage de tous les rebelles, Houng-yun-chan a disparu, sans qu'on sache où il est allé ; assurément, s'il n'est pas mort, il a pris la clef des champs. Maintenant il n'y a plus que Houng-sieou-tsuèn, Yang-sieou-tsing, Lo-ya-wang et quelques autres qui troublent la province du Hou-Pé : ceux qui sont forcés de les suivre ne sont que comme des bandes d'oiseaux volant à la suite de quelques conspirateurs en petit nombre.

« Que les grands officiers de l'armée et les gouverneurs des provinces publient des proclamations pour engager les troupes, les villageois, les magistrats, la noblesse et le peuple à réunir leurs efforts pour l'extermination de cette race immonde. Quant à ceux qui auraient été forcés involontairement à suivre les rebelles, il est décrété que s'ils saisissent quelques-uns de ces malfaiteurs et les amènent dans notre camp, ils seront non-seulement pardonnés, mais généreusement récompensés. Dans ce moment, la grande armée se rassemble comme les nuages et arrive de toute part pour la destruction des rebelles; et, comme ces misérables ont mis le comble à leur criminelle conduite, les hommes et les dieux les abhorrent également, et ils ne sauraient échapper plus longtemps au châtiment qui leur est dû. Respectez ceci. »

Cette pièce est suivie d'un autre document plein d'une humanité rétrospective : le jeune Hièn-foung, dans des lettres de grâce, déclare que des officiers qui avaient pris la fuite devant l'ennemi, au combat de Yo-Tcheou, étant morts de maladie, il leur pardonne leur crime! Mais d'autres actes encore nous révèlent le trouble qui assiége l'empereur omnipotent : il fait publier par tout l'empire des prières qu'il adresse au ciel ; ces actes de contrition arrachés par la peur nous révèlent les angoisses de la cour de Pékin. Voici en quels termes Hièn-foung implore le Seigneur suprême :

« Rempli de craintes et d'appréhensions, je supplie humblement le ciel de pardonner mes offenses et de sauver mon pauvre peuple. Qu'à leur tour les grands officiers de la cour et des provinces réveillent les bons sentiments de leur cœur, et avisent aux moyens de détourner du peuple les calamités qui l'affligent. Les étudiants et le peuple de chaque localité doivent aussi réunir leurs efforts pour arrêter l'ennemi et détruire promptement ces monstres de rebelles. Ils jouiront ainsi d'une paix et d'une prospérité sans fin sous la compatissante protection du ciel, tandis que nous et nos officiers en éprouverons également des sentiments de respect et de reconnaissance. Nous trouvant à l'époque de l'année où se font les grands sacrifices avec le cérémonial voulu, nous avons manifesté nos vues et réitéré nos ordres à cet égard. Nous voulons que le ministère des rites et les hautes autorités de chaque province fassent graver ce décret et le publient sur papier jaune, afin que de près et de loin nos intentions soient connues de tout le monde. »

Cette confession publique, ce *meâ culpâ* officiel, ne suffit pas pour soulager le cœur du monarque : il annonce à tous ses sujets qu'il passera une nuit en prières devant l'autel du ciel. Mais, comme s'il doutait de la protection des dieux qu'il invoque, il profite de cette occasion pour préconiser la trahison et conseiller le meurtre dans l'intérêt de son trône :

« Le 7 de la deuxième lune (21 mars), moi, l'empereur, je passerai la nuit à l'autel du ciel, et prierai avec ferveur pour la paix de mes sujets, qui, depuis le commencement de la rébellion jusqu'à présent, ont enduré de grands malheurs dans les provinces du Kouang-Si, du Hou-Nan et du Hou-Pé. Moi, l'empereur, je suis aussi dans une profonde affliction de ce que des milliers de gens ont péri dans la ville de Ou-Tchang, et j'adresse les plus amers reproches aux officiers qui, loin d'empêcher cette calamité par des mesures préventives, ont pris la fuite dès que les rebelles ont paru.

« Du temps de l'empereur Kia-king, il y eut au Hou-Kouang une rébellion qui dura plusieurs années; mais le peuple ne prit point la fuite : les villageois courageux se réunirent et se défendirent eux-mêmes. Ne vaudrait-il pas mieux, aujourd'hui, donner l'argent aux braves villageois pour les faire assembler en armes que de se le faire voler en l'emportant?

« Ceux qui suivent les rebelles n'agissent pas ainsi volontairement; s'ils reviennent à nous, il faut les bien accueillir, car ce sont mes sujets : tous les millions qu'on a dépensés n'étaient-ils pas pour sauver mon peuple? Attendez que dans quelques jours mes troupes aient entouré et exterminé les rebelles, et alors assurément on jouira du repos. Si quelqu'un de ceux qui suivent les rebelles tue leur chef, il sera non-seulement pardonné, mais comblé de faveurs.

« Je me suis adressé à moi-même des reproches réitérés, et j'ai prié le ciel de pardonner mes fautes, de sauver mon peuple et de ne plus l'accabler de souffrances à cause de moi. Puissent toutes les calamités à venir retomber sur moi seul !!! »

Hièn-foung comprend cependant la fatalité de sa position ; il sent que ce que l'on déteste surtout en lui, c'est son origine tartare, et il s'applique en quelque sorte à se la faire pardonner. A peine les soldats de Kirin et d'Amour mettent-ils le pied sur les terres chinoises, qu'il s'adresse à eux avec sévérité : il leur recommande d'observer la discipline la plus stricte, de mettre de la discrétion dans leurs demandes, de respecter les propriétés et de traiter en frères les habitants des provinces qu'ils vont traverser. Mais les antipathies de race sont plus puissantes que les proclamations impériales, les troupes indépendantes ne tiennent pas grand compte des recommandations du maître. La *Gazette officielle de Pékin* frappe d'un blâme sévère le général Foung-chèn commandant les troupes de Kirin, lequel s'est conduit en Chine comme dans un pays conquis. Il a sur son passage levé des contributions, fait des réquisitions exorbitantes de chevaux, de voitures et de vivres, et, fâcheux symptôme, il a retardé sa marche de plusieurs jours en alléguant une indisposition subite ! L'empereur, en dégradant ce chef, fait un nouvel appel à la concorde et à la bonne harmonie ; mais cette nouvelle exhortation ne sera pas plus efficace que la première.

Les troupes de Kirin et d'Amour font partie de

ces soldats des huit bannières qui inspiraient jadis une si profonde terreur aux Chinois. Ces régiments étaient alors de vaillantes hordes conduites par des chefs intrépides, sobres et durs à la fatigue comme les chameaux de leurs vastes déserts. Il est à craindre qu'aujourd'hui les molles habitudes chinoises ne les aient énervés. Dans l'ordre de marche de ces corps d'élite, nous lisons avec surprise qu'après chaque étape il leur est accordé deux jours de repos! Comme si, dans ces moments pressants où les destinées de la dynastie tartare dépendent peut-être d'une marche accélérée, il fallait ménager les forces des soldats! Mais Hièn-foung est en butte à deux dangers également pressants : la haine de la nation chinoise, et l'abandon de ses défenseurs naturels s'il les mécontentait.

Il est une seule chose que le jeune empereur ne ménage guère : c'est le sang de ses généraux. Le malheureux Siu a eu la tête tranchée ; il a été puni de n'avoir pas été un homme de génie, de n'avoir pas su, avec des soldats couards, pourris dans les égouts des garnisons, improviser des troupes égales en valeur à celles qui s'emparèrent de la Smala ou qui vainquirent au Pandjab. Le fatal présage de Canton était un avertissement providentiel. Il ne faut jamais plaisanter sur ces pauvres animaux qu'on enferme dans la cage d'un tigre, car tôt ou tard la terrible bête finit par tuer son compagnon, souvent sans colère, mais parce que ses instincts se réveillent et qu'elle a éprouvé le besoin de tuer. Saï-chang-ha est également condamné à mort ; seulement son agonie est prolongée de quelques mois ; l'empereur a ordonné que l'exécution serait remise après les assises d'automne. Ceci tient à une coutume très-ancienne : on ne fait en Chine d'exécutions que dans le mois d'automne, à moins qu'il ne s'agisse d'un crime politique : dans ce cas toutes les saisons sont bonnes. Il faudrait toute une dissertation philosophique, pas trop étrangère à notre sujet, pour faire comprendre le motif de cette disposition de la loi chinoise.

Ainsi, dans cette dernière période, les actes de l'empereur se réduisent à ceci : prières, supplications adressées aux vieilles divinités impuissantes et sourdes ; condamnations, exécutions, et appel constant aux passions les plus basses, à la trahison et à l'assassinat.

Pendant que Hièn-foung s'agite en pure perte, se traînant politiquement dans les ornières du passé, et tombant tour à tour dans la fureur et l'abattement, les insurgés poursuivent la tâche qu'il se sont imposée avec un calme et une persévérance qui sont un indice certain de leur force. Ils publient de nouvelles proclamations dans lesquelles ils peignent aux populations la rapacité odieuse des mandarins, les souffrances qu'endure le peuple et l'imbécillité du jeune monarque captif au milieu d'un cercle d'eunuques, de femmes et de courtisans. Dans une de ces œuvres, pleine de verve et de véritable enthousiasme, ils font un appel aux vieux sentiments patriotiques et ils engagent leurs compatriotes à secouer le joug étranger pour restaurer la dynastie nationale. A la suite de ce manifeste, ils répandent un manifeste plus important encore : ils s'attachent à rassurer les intérêts et à se dégager de toute solidarité avec les pillards qui, dans toutes les révolutions, sortent en quelque sorte de dessous terre pour pêcher en eau trouble à l'abri d'une cocarde ou à l'ombre d'un drapeau. Ce document est trop important et renferme trop d'indications précieuses sur le caractère réel de l'insurrection pour que nous en privions nos lecteurs :

« Lieou, le chef qui fonde la dynastie et réduit les contrées lointaines, ayant été spécialement chargé de promulguer la paix dans le Kiang-Nan, publie la proclamation suivante :

« Un ordre impérial nous ayant chargés, le général Yang et moi, de soulager le peuple et de punir les coupables, nous avons trouvé que notre cause s'étend rapidement partout avec une puissance irrésistible. Mais, tandis que nous avons tranché la tête aux magistrats cupides et aux officiers corrompus, nous n'avons fait aucun mal aux gens honnêtes du peuple. On doit néanmoins regretter qu'avant l'arrivée de nos troupes les contrebandiers du sel et les malfaiteurs de chaque endroit aient profité de l'occasion pour voler, piller, deshonorer les filles et les femmes. Notre général en chef a déjà chargé un commissaire spécial de rechercher ces bandits, de les arrêter et de leur couper la tête, jusqu'au nombre de plus d'un mille, afin de donner l'exemple aux autres.

« Maintenant, ayant appris que dans le Kiang-Nan bon nombre de ces pillards sont encore répandus dans les campagnes, et qu'ils dévalisent les citoyens qui se transportent avec leurs biens dans les fermes et les villages éloignés des villes, attentats des plus exécrables, nous avons, en conséquence, envoyé en avant quelques troupes bien disciplinées, afin qu'elles s'enquièrent, partout où notre armée doit arriver, s'il s'y commet des déprédations, et qu'elles prennent les noms et prénoms de tous les individus coupables de ces forfaits. Lorsque ensuite le chef-lieu de l'endroit sera pris, on vérifiera l'exactitude des rapports, et, s'ils sont prouvés, les habitants des hameaux coupables seront exterminés jusqu'au dernier, sans distinction d'âge ni de sexe. Les sentiments de bienveillance dont moi, commissaire, suis pénétré ne me permettent pas de mettre à mort qui que ce soit sans l'avoir dûment averti. C'est pourquoi je publie à l'avance cette proclamation, avec le désir que chacun fasse attention à ses actes et comprime les penchants de la cupidité, s'il ne veut être exterminé comme l'ont été deux villages à l'ouest et au nord de Ou-Hou. Vous habitants des villes, vous ne devriez pas les quitter en désordre de façon à vous exposer à être ainsi pillés ; dès que notre armée arrive, vous n'avez qu'à écrire sur vos portes ce mot : « Obéissant, » et si quelqu'un de nos soldats vous inquiète, il sera immédiatement décapité, pour servir d'exemple à tous. Que chacun obéisse en tremblant.

« Donné dans la deuxième lune de la quatrième année de Tièn-tè.»

Les actions humaines se ressemblent en tout pays, et, malgré la distance qui nous sépare de la Chine, plus d'un lecteur aura souri en retrouvant dans la proclamation précédente des coïncidences frappantes avec certains actes de nos épisodes révolutionnaires. Cette protection efficace, spécialement promise à ceux qui écriront sur leur porte *Obéissant*, ces arrêts de mort prononcés d'avance contre les pillards, reportent forcément la pensée vers une époque assez récente pour que le souvenir n'en soit pas effacé. Du reste, le trait frappant de cette pièce, c'est la preuve qu'elle donne de la discipline inexorable qui règne au camp des insurgés : dans les fastes de l'armée chinoise, la répression de certains excès est un fait inouï. L'officier qui commande dit au soldat : « Tremble et obéis, » et celui-ci en effet tremble et obéit, mais à la condition qu'on fermera les yeux sur ses déprédations et ses vices. Une armée chinoise, en campagne, traite avec une impartialité parfaite les amis et les ennemis ; elle les dépouille tous également.

Si de l'ère des rois feudataires et de l'empereur Tièn-tè datait la répression des brigandages de l'armée chinoise, déjà ils auraient les uns et les autres bien mérité de leur pays. Mais ce n'est pas la seule réforme que le prétendant a l'intention de réaliser : en attendant qu'il soit à même d'opérer des changements radicaux, il se présente comme le restaurateur de l'ancienne bonne foi, de l'antique probité administrative, et comme le juge inexorable des mandarins corrupteurs et corrompus. En quelque sorte, il donne déjà des garanties de probité administrative. Lorsque l'armée insurgée occupe un pays, les fournisseurs des troupes sont payés avec des bons qui seront remboursés plus tard, lorsque Tièn-tè se sera emparé du trésor public. Les chefs révolutionnaires ont de plus porté leur attention sur les dangers auxquels sont exposés les êtres faibles et sans défense. Dès qu'ils arrivent dans une ville, ils érigent des maisons de refuge pour les jeunes personnes, et font inscrire sur la porte d'entrée cet avertissement catégorique : « Cet endroit est consacré aux jeunes filles ; quiconque aura l'audace d'en dépasser le seuil pour y commettre des désordres aura la tête tranchée ! »

Mais ce ne sont pas là, à nos yeux, les actes les plus significatifs de l'insurrection : dans ces derniers temps, les agents de Tièn-tè ont répandu un document de quelques lignes que nous recommandons spécialement à l'appréciation de nos lecteurs :

« Cette proclamation a pour but de vous inviter

à chasser les Mantchoux promptement et de partout, et à attendre l'établissement de notre cour à Nankin, où ceux qui subiront convenablement leurs examens recevront des degrés en proportion de leur mérite. Que les barbares des autres nations se tiennent à l'écart jusqu'à ce que, l'empire nous étant soumis, nous publiions une proclamation relativement au commerce. Quant à ces prêtres stupides de Bouddha et à ces jongleurs de Tao-se, ils doivent tous être réprimés, leurs temples et leurs monastères doivent être démolis, ainsi que ceux de toutes les autres sectes corrompues.

« Que chacun obéisse en tremblant. »

Chaque phrase de cette pièce remarquable a une valeur politique dont il faut déterminer le sens. Dès les premiers mots, ces rebelles intelligents nous apprennent qu'ils ne sont pas des démolisseurs stupides; ils nous disent quels seront les éléments de la nouvelle organisation, et ils nous annoncent que pour recruter le futur contingent de leur effectif gouvernemental, ils ouvriront des examens publics où chacun sera classé selon ses mérites. Dans la seconde phrase, ils conseillent aux Européens de pratiquer le système de non-intervention et de se tenir à l'écart d'une lutte dans laquelle ils n'ont aucun intérêt à débattre. Enfin ils s'adressent à *ces prêtres stupides de Bougdha, à ces jongleurs de Tao-se et aux autres sectes corrompues*, pour leur déclarer que leurs temples seront détruits et leur culte supprimé.

Quel est donc l'auteur de cette proclamation concise? Est-ce un disciple de Confucius ou un membre de l'union chinoise de Gutztaff? Il est impossible aujourd'hui d'être renseigné à cet égard, et nous restons dans l'incertitude en ce qui concerne les *autres sectes corrompues*.

Tout ce que nous pouvons savoir, c'est qu'à certains égards les insurgés tiennent parole, et, si nous sommes bien renseignés, à l'heure qu'il est, une des sept merveilles du monde, une de ces merveilles classiques que nous avons appris à admirer sur parole dès l'enfance, tombe sous le marteau des démolisseurs. Les temples bouddhiques de la Chine subissent leur invasion des barbares; les sans-culottes rationalistes de l'Empire du milieu se ruent sur les œuvres d'art qu'une superstition poétique et féconde fit sortir de terre ! Ces glorieux monuments et la tour de porcelaine de Nankin vacillent sur leur base minée par de rigides réformateurs. On dirait que sur la terre entière les nations prennent à tâche de consacrer cette désolante vérité : que les conquêtes de l'idée s'achètent au prix des plus douloureux sacrifices, par la destruction des chefs-d'œuvre les plus remarquables de l'intelligence humaine. L'homme ne connaît qu'une seule manière de protester contre le passé, c'est de renverser les pierres inoffensives qui se sont élevées au souffle de l'idée contre laquelle il combat. Comme les menaces des insurgés peuvent devenir une vérité, hâtons-nous de jeter un coup d'œil sur la tour de Nankin, sur cette relique du passé, dont le faite élégant jonchera peut-être bientôt la terre de ses débris. Voici en quels termes l'un de nous a décrit le beau monument qu'il a vu de ses yeux et touché de ses mains :

« La tour de Nankin est le complément magnifique de la pagode Pao-Ngan-Se. Elle est de forme octogone, et n'a pas moins de soixante-dix mètres de hauteur. De loin elle paraît entièrement blanche : vue de près, on remarque des variétés de couleur et des dorures dans les ornements dont elle est recouverte. Un large stilobate en marbre brut sert de base au monument et forme tout autour un large perron auquel on arrive par une dizaine de marches. La grande salle servant de temple au rez-de-chaussée peut avoir de douze à quinze mètres de profondeur, et environ huit mètres de hauteur. Au-dessus de cette pièce s'élèvent successivement, de sept en sept mètres, neuf étages, séparés chacun par un toit ou corniche d'un mètre de saillie, présentant ces angles relevés si communs dans l'architecture chinoise. Un escalier peu commode conduit intérieurement jusqu'au haut de la tour, et à chaque étage on trouve une salle dont le diamètre va en diminuant à mesure qu'on monte. La masse du monument est en brique ordinaire, et a quatre mètres d'épaisseur à la base, deux mètres et demi au sommet. Tout l'extérieur des murs est revêtu de plaques de porcelaine blanche assez commune, joignant parfaitement. Dans les étages inférieurs, la porcelaine n'offre que des modelés peu profonds dans la pâte ; dans les étages supérieurs on voit une foule de niches où sont casées des statuettes et des idoles qui paraissent dorées. Au milieu de la salle de chaque étage est un autel dédié à Bouddha. La flèche qui surmonte la tour a dix mètres d'élévation. Elle se compose d'une forte tige autour de laquelle monte une large spirale en fer, et qui se termine par un globe volumineux que l'on dit être en or massif. La hauteur et l'éclat tout particulier de cette tour en porcelaine font reconnaître Nankin à une grande distance, et ont servi de point de repère aux premiers navires de guerre anglais et français qui ont remonté le Yang-Tze-Kiang. »

Quand on songe que les hommes qui proclament hautement et froidement l'intention de s'attaquer à ces nobles pierres, de renverser un monument dont le monde entier sait le nom et que les générations admirent d'instinct, ne sont pas des barbares, la raison reste confondue devant les anomalies que présente l'intelligence humaine ! Et ici non-seulement les démolisseurs ne sont pas des barbares, mais même ce sont des savants qui tiennent à leur réputation de gens de goût. Lorsqu'ils sont entrés en vainqueurs dans cette ville de Nankin qu'ils ont dépoétisée peut-être de sa merveille, ils ont voulu prouver qu'ils étaient dignes d'habiter cette Athènes de l'Empire des fleurs, et ils ont fait afficher sur les murs de la cité artiste et savante une proclamation en vers pour rassurer les habitants. Cette œuvre prétentieuse serait fort ridicule en France; en Chine elle prouve que les insurgés ont du tact et du goût : lorsqu'on aspire à régner par les lettres, à établir sa cour dans la ville la plus savante de l'empire, il faut prouver, en Chine, que l'on est soi-même un lettré et que l'on apprécie les délicatesses du langage et les recherches de l'art :

Cette proclamation a pour objet de vous tranquilliser, vous peuple,
Et de vous empêcher de fuir à l'Est et de courir à l'Ouest.
Ce n'est que parce que les foyers et les autels de la grande dynastie Ming
Ont été usurpés par les Mantchoux jusqu'à ce jour.
Mais, maintenant, nous allons renverser les Tartares et relever le trône [chinois.
Les officiers cupides et les magistrats rapaces ne seront point épargnés.
Nous allons pratiquer la vertu en obéissant à la volonté du ciel.
Ne soyez donc point, ô peuple! agité par des pensées alarmantes.
Du jour où notre grande armée a pénétré dans ce pays,
Nous n'avons ni molesté ni lésé aucun citoyen honnête.
En outre, les tombeaux de nos ancêtres sont dans votre voisinage,
Et nous voulons, à leur exemple, protéger les hommes droits et sincères.
Vous devez être particulièrement sur le qui-vive à l'égard des bandits [de la localité,
Et ne pas montrer votre courage en épousant la cause de vos ennemis.
A Houang-Tcheou et à Han-Yang beaucoup de gens furent tués,
Uniquement parce que les braves des villages se sont mêlés à la lutte.
Mais, quand il y aurait des centaines de millions de soldats s'opposant [à nous,
Ils seraient dans un instant dispersés comme des cendres et de la [poussière.
Cependant, dès que le Kiang-Nan et le Chang-Toung seront soumis,
Vous jouirez d'une paix et d'une tranquillité très-grandes.
Ce peu de mots d'avertissement vous est spécialement recommandé;
Ne soyez donc pas entraînés ni par l'alarme ni par la désobéissance.

Nous ne connaissons aucun des incidents qui ont signalé la prise de Nankin, les détails nous manquent complétement. Le seul fait certain, le seul fait acquis, c'est l'occupation de cette ville. A Chang-Haï, cependant, il a circulé quelques bruits sinistres. On raconte que les insurgés ont réuni dans un édifice public quatre cents femmes tartares sous prétexte de les marier à des Chinois, et qu'ils ont rôti ces malheureuses en incendiant le monument. D'autre part, on affirme que les fonctionnaires mantchoux ont été soumis aux plus affreux supplices. Nous doutons de la vérité de ces détails, nous croyons que ce sont tout simplement des calomnies inventées par les mandarins, qui veulent éveiller dans le cœur des étrangers des sentiments hostiles aux insurgés.

Aujourd'hui les fonctionnaires impériaux se sentent isolés au milieu des populations, ils comprennent que les sympathies nationales leur échappent, et ils cherchent à prolonger leur existence politique au moyen de l'intervention européenne. A cet effet, le Tao-taï de Chang-Haï invente et fait circuler sous main cette proclamation, que l'on assure avoir été affichée sur les murs de Sou-Tcheou-Fou :

« Lo, commandant des forces de terre et de mer, et général chargé de pacifier les contrées orientales et de subjuguer les Mantchoux ; et Houang, commissaire général, membre du conseil de la guerre, publient ensemble cette proclamation :

« Le 22 de cette lune (31 mars), notre empereur

a établi le siége de son gouvernement à Nankin, ayant exterminé ces voleurs de Mantchoux, sans laisser ni un chien ni une poule. Les officiers chinois, Lou-kièn-yng (gouverneur de la ville) et ses adhérents ayant fait leur soumission, notre empereur n'a fait du mal à personne du peuple. Dans peu de jours notre grande armée sera à Sou-Tcheou, à Soung-Kiang, à Tchang-Tcheou et à Tchèn-Kiang : les habitants de ces districts doivent apprendre que nos officiers supérieurs, profondément versés dans l'astrologie, ont constaté que la Grande-Ourse est maintenant à son apogée sur le Kiang-Nan, et que l'étoile Vénus est à la hauteur de Soung-Kiang. Les ignobles étrangers de Chang-Haï ne méritent pas d'être regardés comme des hommes, et il est bien difficile d'affirmer qu'il n'y aura pas de combat à Chang-Haï même. Les habitants de Tchang-Tcheou et de Tchèn-Kiang ne doivent avoir aucune crainte ; mais les honnêtes gens de Sou-Tcheou et de Soung-Kiang (district où se trouve Chang-Haï) feront bien de se tenir au large à quelques centaines de *li* dans les campagnes, s'ils veulent être en sûreté. Les sujets de la dynastie précédente sont les enfants du nouvel empereur : nous devons par conséquent les prévenir en temps utile de prendre garde à eux. Lorsque notre empereur aura définitivement établi son gouvernement, nous publierons une proclamation spéciale pour rappeler les peuples à leurs demeures, et les engager à reprendre leurs occupations habituelles ainsi que les études pour les examens littéraires. Que chacun se pénètre bien de ces ordres.

« Donné dans la quatrième année de Tièn-té, le 24 de la troisième lune (2 avril). »

Les résidents étrangers, qui connaissent de longue main la duplicité chinoise, comprirent que cette pièce était l'œuvre d'un faussaire, et le factum perfide ne les entraîna dans aucune manifestation imprudente. Mais les Chinois sont passés maîtres dans cette guerre punique du mensonge et de la calomnie. Ils tendirent aux barbares un second piége, et cette fois ils obtinrent les apparences d'un succès.

Les mandarins sont convaincus que, si les chrétiens restent paisibles spectateurs de la lutte, la dynastie tartare succombera ; aussi cherchent-ils depuis longtemps à les compromettre aux yeux des insurgés, et aujourd'hui, l'avidité commerciale aidant, ils ont en partie atteint leur but. Nous avons déjà dit que le Tao-taï de Chang-Haï avait enrôlé sous la bannière jaune quelques *lorcha* de Macao, et qu'il avait acheté un navire à une maison américaine. Ce bâtiment est un vieux *receiving ship* appelé la *Science*, appartenant à la maison Russell, qui l'a loué et non vendu à l'agent tartare moyennant la somme fabuleuse de cinq mille piastres par mois! Lorsque ce vieux navire fit voile sur le Yang-Tze-Kiang, remontant vers Nankin, les émissaires du Tao-taï insinuèrent aux rebelles que c'était un secours que les résidents étrangers envoyaient aux autorités impériales. Aussitôt il se fit un grand mouvement au camp des insurgés ; on se répandit en menaces contre les barbares, et on jura de tirer vengeance de cet abandon de la politique de neutralité, la seule politique qui convînt à des étrangers.

Malheureusement une coïncidence fatale accrut les craintes de l'armée insurrectionnelle, et légitima, en quelque sorte, son exaspération. Le plénipotentiaire américain, M. Marshall, poussé par une curiosité inopportune, eut la fantaisie de remonter le fleuve sur le steamer le *Susquehanna*. Les rebelles, en apercevant les longues bandes de fumée du vapeur américain, furent pris d'un accès de rage ; ils se saisirent, dit-on, du gouverneur de Nankin, qu'ils avaient épargné jusque-là, ils le décapitèrent, mirent sa tête à l'extrémité d'un bambou, et plantèrent, sur les remparts de la ville, cet horrible trophée comme un sanglant défi porté aux barbares.

Ce crime fut le seul résultat du voyage du colonel Marshall, qui rentra à Chang-Haï, annonçant qu'il avait été contraint de rebrousser chemin, le *Susquehanna* ayant un trop fort tirant d'eau. Les résidents étrangers, en apprenant ces nouvelles, redoutèrent les conséquences du voyage de la *Science*; mais on apprit que le malheureux navire était échoué à la hauteur de Tchen-Kiang-Fou, et que l'équipage l'avait abandonné.

C'est dans ces circonstances difficiles qu'un homme d'un grand cœur et d'un grand courage s'est présenté pour aller au camp des insurgés demander aux chefs de quels sentiments ils sont animés à l'égard des nations chrétiennes. M. Medows, interprète du consulat anglais, est parti seul le 9 avril ; il se rendra à Sou-Tcheou-Fou, où il prendra le canal impérial afin de rejoindre à Nankin les généraux de Tièntè. Cet acte de dévouement de M. Medows est un des épisodes les plus intéressants de l'insurrection. Plus tard, nous aurons certainement la relation de son entrevue avec les insurgés ; mais, en attendant que nous connaissions le résultat de sa démarche aventureuse, il n'est pas un homme de cœur qui ne doive faire des vœux en faveur du courageux interprète anglais.

Cependant les inquiétudes sont grandes à Chang-Haï ; ces complications jettent les résidents étrangers dans une perplexité cruelle; mais, bien loin de se laisser abattre, ces héros du monde industriel se réunissent pour veiller à la défense commune, et avec cet à-propos qui caractérise les hommes de race supérieure, ils profitent habilement des circonstances pour assurer dans l'avenir la sécurité de la petite colonie. A cet effet, ils entourent d'un mur de défense le terrain des factories; extérieurement ils creusent tout à l'entour un fossé profond, et tracent un large chemin de ceinture; en un mot, ils mettent à l'abri d'un coup de main le domaine des nations chrétiennes. Certes, c'est un noble spectacle que donne au monde ce petit groupe de marchands qui, perdu au milieu de cette multitude d'ennemis, ne compte que sur son énergie pour se défendre.

Quoique l'intérêt soit aujourd'hui concentré dans l'est de l'empire, nous recevons cependant des lettres de Canton, de Macao et de Hong-Kong, qui sont pleines de détails curieux. Nos correspondants sont unanimes pour blâmer la conduite imprudente du plénipotentiaire américain, la spéculation de la maison Russel et même l'expédition des mercenaires portugais. Ils croient que ces actes individuels seront funestes aux étrangers et que Tièn-tè se vengera sur tous les résidents des fautes et de la cupidité impolitique de quelques-uns. D'ailleurs nos correspondants, qui, il y a quelques mois à peine, nous représentaient le mouvement insurrectionnel comme une échauffourée sans conséquence, ont subitement changé d'avis. Aujourd'hui, à leurs yeux, Tièn-tè est le chef d'une révolution nationale que rien ne saurait entraver.

Effectivement, le Kouang-Si, que l'on croyait relativement débarrassé des insurgés, retombe en leur puissance ; dans le Kouang-Toung, le département de Koueï-Tcheou, la ville de Lei-Tcheou-Fou, située vis-à-vis de Haï-Nan, sont occupés par leurs troupes. Pendant que ces choses se passent aux portes de Canton, la population de cette grande cité manifeste hautement sa sympathie pour la nouvelle dynastie ; elle appelle de tous ses vœux le renversement des Mantchoux. Ces sentiments sont si populaires dans cette province, que le magistrat de Ho-Ping-Hien et un colonel des troupes impériales ont été assassinés par le peuple, parce qu'ils avaient voulu s'opposer au départ d'un convoi de munitions destinées aux insurgés. Dans toutes les grandes villes, les sentiments de haine contre les Tartares éclatent sous les yeux des mandarins. Les jeunes fashionables font de l'opposition en se coupant la queue et en adoptant la mode du temps des Mings. Enfin l'impulsion révolutionnaire est si puissante, que nos amis les moins favorables à la cause des insurgés, commencent à regarder le renversement du trône de Hièn-foung comme un fait accompli.

CHAPITRE XVII.

ÉTAT DES PARTIS EN CHINE. — TIÈN-TÈ EST-IL LE DESCENDANT LÉGITIME DES MINGS? — RÉBUS PROPHÉTIQUES.

Les pages précédentes étaient écrites lorsque les journaux de Hong-Kong, du 22 avril, nous sont parvenus. Une des feuilles anglo-chinoises annonce qu'au départ de Chang-Haï du schoner *Iona*, le 12 avril, le bruit courait dans cette ville que les troupes impériales avaient chassé les insurgés de Nankin.

Malgré l'autorité du journal qui donne cette nouvelle, nous n'y croyons pas ; voici les raisons de notre incrédulité : le numéro qui renferme les détails de la défaite subie par les généraux de Tièn-Tè nous apprend en même temps que le Tao-taï de Chang-Haï avait publié une proclamation pour rassurer ses administrés. Dans cette pièce officielle, il disait que le général Kouan-young était à Tan-Yang, et qu'il comptait, le 12 avril, tomber sur les rebelles et n'en faire qu'une bouchée.

D'un autre côté, d'après des lettres reçues du camp des rois coalisés, on affirmait que des troupes tartares avaient investi la nouvelle conquête des insurgés, et qu'une action générale devait s'engager à la date indiquée ci-dessus. Le correspondant du *China-mail*, en donnant cette nouvelle, nous révèle même une coutume chinoise qui fait honneur à l'esprit chevalerèsque de ce peuple et dont nous ne le croyions pas susceptible. Une action générale ne s'engage souvent dans ce pays que lorsque la rencontre a été convenue entre les partis belligérants.

Or, si l'attaque de Nankin a eu lieu le 12 avril, il est impossible que le résultat de la bataille ait été connu le même jour à Chang-Haï, qui est situé à quatre-vingts lieues de la ville célèbre. En Chine, on ne connaît pas encore les télégraphes électriques, et les pigeons voyageurs eux-mêmes ne font pas encore concurrence aux estafettes impériales. Il se pourrait rigoureusement que la bataille eut été livrée avant la date indiquée; mais alors même nous ne croyons pas que la victoire des impériaux ait été aussi complète qu'on l'assure. Aujourd'hui les affaires du prétendant sont dans une telle voie de prospérité, que le succès de sa cause n'a rien à redouter de la perte d'une bataille; il faudrait une suite de revers inouïs pour ruiner ses espérances.

L'armée insurrectionnelle renferme deux éléments qui ne sauraient disparaître sur un coup de dé : l'un est le personnel dont elle se compose; l'autre, l'esprit qui l'anime. Les soldats tartares ne sauraient vaincre le premier en un tour de main, et le second est, pour la majorité des intelligences, supérieur aux principes sur lesquels repose la puissance de Hièn-foung. Tièn-tè a recruté ses partisans parmi les populations les plus intrépides et les plus turbulentes de l'empire, et bon nombre des officiers qui commandent ses troupes sont de Canton. Ceux-ci ont fait partie, pour la plupart, de ces bandes indisciplinées et intrépides qui, pendant la guerre de l'opium, se signalaient par leur haine contre les barbares et qui une fois osèrent presque sans armes attaquer en face les soldats anglais. Ils se ruèrent avec une telle audace sur un bataillon, qu'ils le forcèrent à se former en carré; alors même on les vit se précipiter sur ce mur vivant hérissé de fer, et chercher à l'entamer. Mais, dans ce moment-là, il se produisit presque instantanément un prodige dans le goût de ceux dont furent témoins les héros des temps homériques : un nuage épais enveloppa les deux armées, et les combattants devenus invisibles cessèrent de s'entre-tuer. Le lendemain, lorsque l'orage fut dissipé, les Chinois se portèrent en masse sur le point que les Anglais occupaient la veille ; ceux-ci avaient changé de position pendant la nuit. Alors les guerillas, ne trouvant plus d'ennemi, demeurèrent convaincus qu'il avait fui devant leur vaillance; et ils ont depuis lors mille fois célébré ce haut fait d'armes dans le langage des dieux et dans celui des casernes.

Quoi qu'il en soit, ces chefs ont quelques notions de la stratégie européenne, et ils sont parfaitement à même de résister aux meilleures troupes de l'Empire du milieu et même aux troupes tartares. Toutefois ce n'est pas là le seul avantage des troupes de Tièn-tè : non-seulement leur éducation militaire est supérieure à celle des tigres, mais elles ont encore été préparées par une lente initiation, par une initiation en quelque sorte traditionnelle, à l'œuvre qu'elles accomplissent. Pour faire bien comprendre notre pensée, nous sommes forcés de revenir sur l'organisation des sociétés secrètes en Chine ; et comme en pareille matière nous aimons à nous appuyer sur une autorité compétente, nous empruntons à l'ancien gouverneur de Hong-Kong, à sir John Davis, ce qu'il a écrit à ce sujet :

« Les confréries que le gouvernement chinois

redoute le plus, ce sont les sociétés secrètes, qui, sous des noms mystérieux, s'assemblent pour traiter de matières religieuses ou politiques. De ce nombre sont la secte du Lis d'eau (plante sacrée) et celle des Brûleurs d'encens, qui se trouvent l'une et l'autre désignées dans la septième section de Cheng-Yu. » Comme elles ne s'occupent que de religion, on les a confondues dans la même prohibition avec les catholiques romains. La faiblesse du gouvernement actuel contribue à le rendre jaloux de toutes les sociétés secrètes, quelles qu'elles soient ; quand il réussit à s'emparer de leurs chefs, il leur fait endurer d'affreux tourments. Mais, de toutes les associations, celle qu'il abhorre le plus est assurément la société de la Trinité, sur laquelle le docteur Milne a publié quelques détails en 1823. Le nom semble indiquer que, lorsque le ciel, la terre et l'homme lui seront propices, elle parviendra à renverser la dynastie tartare. »

« Au mois d'octobre 1828, le document dont la traduction exacte suit fut trouvé dans le cimetière protestant de Macao par une personne attachée au service de la compagnie qui, en comprenant le sens, l'envoya immédiatement au mandarin du district avec lequel elle était liée ; ce dernier la supplia de ne pas le rendre public, de peur qu'il ne fût puni à cause du seul fait de la découverte d'un pareil écrit dans son district. Voici cette pièce compromettante :

« La nation centrale était nombreuse et la céleste dynastie florissante.

« D'innombrables contrées lui payaient des tributs, des milliers de peuples lui rendaient hommages.

« Mais les Tartares s'en sont rendus maîtres par artifice. — C'est un motif de haine qui ne saurait jamais s'affaiblir. — Enrôlez des soldats, procurez-vous des chevaux, déployez l'étendard à fleurs. — Levez des troupes, saisissez vos armes, exterminons les races entières des Mantchoux.

« Le docteur Milne dit que le nom de la société de la Trinité signifie société des Trois unis, c'est-à-dire du ciel, de la terre et de l'homme, qui, selon les notions imparfaites de la philosophie chinoise, impliquent les *trois départements de la nature.* Une encyclopédie chinoise bien connue est classée sous ces trois divisions. Pendant le règne de Kia-king, vers le commencement du siècle actuel, la société de la Trinité, qu'on désignait alors par une autre dénomination, s'était répandue rapidement dans les provinces et avait presque réussi à renverser le gouvernement, lorsqu'en 1803 les espérances s'évanouirent par l'arrestation des principaux chefs, qui furent mis à mort.

« Les rapports envoyés à l'empereur affirmaient que « pas un seul membre de l'association rebelle n'avait été laissé vivant. En dépit des documents officiels qui l'ont tuée, la société existe toujours.

seulement elle a changé de nom pour plus de sûreté et a adopté celui qu'elle porte aujourd'hui.

« Cette association paraît s'être rapprochée primitivement, quant au but, de ce que nous appelons la franc-maçonnerie, et s'en être écartée plus tard par le désir de réaliser violemment ses principes et d'acquérir le pouvoir politique en renversant la dynastie tartare.

« Les ramifications réelles ou prétendues de cette société s'étendent jusqu'à Batavia, à Singapour et à Malacca; ses membres prennent l'engagement de se défendre mutuellement des attaques des officiers de police, de se prêter secours pour échapper à la justice et de se venger les uns les autres. Néanmoins le but avoué est la bienfaisance, ainsi qu'il résulte de leur devise :

« Partager mutuellement les félicités,
Supporter réciproquement le malheur. »

« La direction de la société est confiée à trois individus nommés *ko*, frères aînés, de la même manière que les francs-maçons entre eux s'appellent frères. Le docteur Milne n'a pu obtenir que très-peu de renseignements sur leur discipline intérieure. On dit que les règlements de la société sont écrits pour plus de sûreté sur du drap qu'on jette dans les puits à la moindre alarme.

« On dit aussi que la cérémonie d'initiation a lieu la nuit. Le serment de fidélité et de discrétion est prêté devant une idole, et l'on paye une certaine somme pour contribuer aux dépenses générales. Il y a encore une cérémonie appelée Kouo-Kiao passage du pont. Ce pont est formé d'épées placées, soit entre deux tables, ou bien dressées sur leurs poignées et se joignant par leurs pointes en forme d'arche. Le yé-ko, ou principal frère, lit les articles du serment, après chacun desquels le récipiendaire, qui se tient sous le pont, doit répondre affirmativement. Cette formalité remplie, le yé-ko tranche la tête d'un poulet, ce qui, dans la formule usuelle des serments chinois, signifie : « Ainsi périssent tous « ceux qui divulguent le secret ! »

« Quelques-uns des signes auxquels ils se reconnaissent consistent en des nombres mystiques, dont le principal est le nombre trois; d'autres signes se font avec les doigts. Pour savoir s'il existe quelque frère dans l'assemblée où ils se trouvent, ils prennent leur tasse à thé par le couvercle d'une manière particulière, en la tenant seulement avec trois doigts. On leur répond par un signe correspondant. Ils ont un dieu représenté par une figure pentagonale dans laquelle sont tracés certains caractères dont le sens n'est intelligible que pour les seuls initiés.

« A part leurs principes dangereux, les San-ho-hoéi ont une ressemblance singulière avec la société des francs-maçons : ils prétendent faire remonter leur origine à une antiquité très-reculée. Les membres, lors de leur réception, jurent d'être paternels et bienfaisants, ce qui correspond aux engagements pris par les francs-maçons. Un autre point de rapprochement est la solennité du serment. Quelques personnes, dit le docteur Milne, ont affirmé que le grand secret de la franc-maçonnerie consistait dans les mots : Liberté et Égalité ! S'il en est ainsi, le terme *hiong-ti* (frères) de la société de la Trinité implique également la même idée. »

Sir John Davis pouvait ajouter que les formules dont se servent les membres de la société des Trois-Unis sont en quelque sorte passées dans les habitudes de la vie. Ainsi, à Malacca, à Singapour, à Java, lorsqu'un Européen traite d'une affaire avec les Chinois et qu'il suspecte leur bonne foi, il les oblige à contracter leur engagement pendant qu'on tranche devant eux la tête d'un coq : il n'y a pas d'exemple qu'un serment prêté dans cette forme ait été violé.

Les armées de Tièn-tè sont donc presque entièrement composées des membres des trois associations dont sir John Davis vient de nous donner l'histoire, lesquelles se sont liguées aujourd'hui dans une haine commune contre la dynastie tartare. Cependant leur opposition serait restée pendant des siècles encore à l'état latent, ou, si l'on aime mieux à l'état de petite église, de loges maçonniques, si deux circonstances n'avaient fatalement amené l'explosion de leurs sentiments.

Lorsque les Anglais firent leur expédition dans l'Empire du milieu, le gouvernement voulut surexciter les passions populaires et déterminer un mouvement national fatal aux étrangers. A cet effet, il provoqua des réunions publiques, envoya des orateurs gagés dans les principales villes du littoral, lesquels prêchèrent la ligue sainte avec une verve digne de nos temps barbares. Le succès dépassa les espérances de ceux qui l'avaient préparé; le peuple jura de défendre l'intégrité du territoire, il demanda des armes à grands cris, et la Chine, sans qu'on s'en doutât en Europe, eut des *clubs armés* et des réunions démocratiques autorisées.

Mais la valeur britannique calma bientôt cette effervescence. Les bateaux de feu et les citrouilles incendiaires (les bombes) donnèrent à réfléchir aux populations enthousiastes, qui restèrent prudemment chez elles. Cependant, lorsque la guerre fut terminée, les réunions populaires reprirent clandestinement leurs séances, et les orateurs du gouvernement firent place à leurs nombreux contradicteurs. Ceux-ci, dans des discours passionnés, accusèrent le pouvoir d'incurie et de stupidité, et les mêmes hommes qui se seraient attribué le mérite de la victoire n'hésitèrent pas à rejeter sur l'empereur la responsabilité de la défaite. Les fanatiques des sociétés secrètes, qui s'étaient mis habilement à la tête de ces réunions, profitèrent de l'humiliation nationale pour éveiller les sentiments de haine que les populations nourrissaient depuis des siècles contre la dynastie étrangère, et ils prêchèrent l'expulsion des Mantchoux.

Certes, la cour de Pékin aurait bien voulu alors comprimer le mouvement qu'elle avait provoqué; mais elle hésita; les clubs lui firent peur.

Cependant il manquait quelque chose aux ennemis des Mantchoux pour passionner les masses; la haine contre une dynastie ne suffit pas toujours pour déterminer une révolution. Ce quelque chose, ce fut le vainqueur qui le leur apporta. Les Chinois lettrés de Canton, qui jusque-là s'étaient assez peu souciés de connaître l'organisation sociale de l'Occident, voulurent alors s'initier aux mœurs, aux usages de leurs vainqueurs. A cet effet, ils se rapprochèrent des ministres protestants, qu'ils avaient fort négligés jusque-là; et ce fut dans ce temps que Gutzlaff fonda la célèbre *Union chinoise*. Dès ce moment, un certain nombre de disciples de Confucius devinrent les adhérents du chang-ti anglo-saxon. A ce contact, ils reçurent l'accolade fraternelle, ils entrèrent dans la grande famille chrétienne; et, en pénétrant de nouveau dans les catacombes chinoises, ils y arrivèrent cette fois armés de pied en cap pour livrer à l'autorité des Tartares un double combat. C'est dans ces asiles mystérieux que se trouvait cet Éliacin, aujourd'hui célèbre, lequel a été couvé sous l'aile du carbonarisme chinois.

Depuis que nous écrivons cette histoire, on nous demande souvent : Tièn-tè est-il réellement un descendant des Mings? Nous ne pouvons répondre catégoriquement à cette question; mais, à défaut de données précises, nous dirons quel est à ce sujet le sentiment général des Chinois. Pour eux, il n'en est pas des légitimités royales comme de la légitimité bourgeoise. Il est juste que l'héritier d'un marchand quelconque soit réellement le fils de son père, mais cela n'est pas d'obligation dans une sphère plus élevée. L'héritier d'une dynastie n'est légitime qu'à la condition de continuer l'œuvre de ses aïeux, et de représenter les idées, les principes et même les sentiments qui animèrent ceux de sa race.

Si Tièn-tè restaure la probité politique, s'il délivre son pays des mandarins rapaces, s'il fonde la liberté, s'il garantit les droits de tous, il aura été le descendant légitime de la grande dynastie des Ming; mais, s'il ne réalise pas ce programme, si, parvenu au trône, il est tout simplement un roi fainéant, la postérité ne verra en lui qu'un bâtard.

Mais, à cette heure, le prétendant en Chine est l'expression du progrès : il se présente en réformateur déplorant les abus, donnant des espérances à ceux qui souffrent et rassurant les riches et les lettrés. Ses auxiliaires, les cinq rois feudataires, tous gens éclairés, à la fois disciples de Confucius et protestants ou déistes, combattent la barbarie avec l'épée et s'attaquent aux superstitions bouddhiques en prêchant dans leurs proclamations une morale épurée et le dogme de l'unité de Dieu. Hien-foung, au contraire, ne comprend rien au changement qui s'est opéré dans l'esprit de son peuple, et il combat les novateurs, ses adversaires, par les supplices; ses ministres, ignorants et menteurs, ses généraux, dilapidateurs et couards, le trompent effrontément; ils ne lui proposent aucune mesure opportune, et, pour ranimer le courage abattu de leur jeune maître, ils lui racontent avec impudence les prétendus miracles qui se sont opérés en faveur de sa cause!...

Un autre malheur de Hien-foung, c'est de mettre en évidence les mauvais sentiments, le vieux levain de barbarie naturel aux Chinois et qui fermente encore dans le cœur de ses agents. Nous qui avons connu ces gros mandarins souriants, amis du plaisir et de la bonne chère, nous fûmes d'abord portés à croire que, suivant l'axiome fondamental de leur philosophie, ils étaient nés bons et humains. Nous les voyions bien faire administrer par-ci par-là quelques coups de bambou sur leur passage; mais nous ne les jugions pas capables d'employer la hache du bourreau sans éprouver la moindre émotion. Cependant, ces places publiques transformées en abattoirs, où l'on tranche cent têtes dans un jour, ces hommes enfermés et garrottés dans des cages comme des bêtes féroces, ces suppliciés auxquels on arrache le cœur, ont profondément modifié notre manière de voir, et nous ont inspiré une horreur profonde pour le gouvernement qui commande de semblables atrocités. Certes, la cause de Hièn-foung peut triompher encore, mais la conscience humaine est tentée de désirer le contraire, et il semble qu'on cède à un sentiment d'humanité en prédisant la chute de la dynastie tartare.

Au reste, en Angleterre, tous les hommes qui ont des rapports avec l'Empire du milieu croient que le règne des Tsing va finir. En France, un de nos compagnons de voyage, M. X. Raymond, dans quelques articles du *Journal des Débats*, fort remarquables à plusieurs égards, démontre que Hièn-foung ne saurait résister au torrent qui l'entraîne. En Chine, le révérend docteur Macgowan, esprit distingué, médecin habile, sinologue studieux, a déjà écrit un livre sous ce titre : *La Dynastie moribonde et la dynastie naissante de la Chine*. Si ces prévisions ne se réalisent pas, l'erreur aura été commune à beaucoup de bons esprits : mais le contraire paraît plus probable, car le droit, c'est la justice, et la justice triomphe presque toujours ici-bas.

Les révolutions en Chine ne se font pas en un tour de main ; d'ici à ce que nous apprenions le triomphe complet de Tièn-Tè ou de Hièn-foung, le grand drame qui se joue sur la Terre des fleurs passera par de nombreuses péripéties. Mais nous voulons constater aujourd'hui que l'opinion la plus généralement répandue en Chine même, c'est que les insurgés triompheront ; nous voulons constater encore que cette opinion résulte des sympathies qui s'attachent à leur cause.

Nous allons, à cet effet, terminer notre travail en

transcrivant une lettre que nous avons reçue de Macao par la dernière malle. Cette lettre émane d'un homme très-judicieux et d'un caractère grave ; ce n'est pas seulement un érudit tel qu'en produit l'Occident, mais un lettré qui pourrait concourir au grade de Sieou-tsaï. C'est une de ces individualités remarquables, comme il en existe seulement à Macao, qui, par des liens intimes, tiennent aux deux races, et sont également estimées, respectées des jaunes et des blancs. Cette lettre doit donc inspirer une entière confiance ; son auteur voit les choses sans prévention et d'une manière désintéressée, il les voit donc bien. Quant à la petite anecdote qui clôt ce récit, voici ce que nous pouvons en dire : le livre dont parle notre ami existe réellement, nous en avons eu un exemplaire entre les mains.

Macao, 22 avril 1853.

« Une grande époque politique et religieuse est arrivée pour le Céleste empire, et on peut bien dire qu'une petite étincelle a allumé un grand incendie. Une demi-douzaine de va-nu-pieds, mus par des intérêts personnels n'ayant rien de bien élevé dans l'origine, formèrent une ligue dont le gouvernement ne fit d'abord aucun cas. Leur nombre s'accrut sans cesse, et ils recrutèrent des partisans à la manière des fondateurs de l'ancienne Rome. Peu à peu, d'aventuriers qu'ils paraissaient être, ils devinrent des révolutionnaires, puis des patriotes, et enfin des héros ne proclamant rien moins que la fondation d'une autre dynastie. Leurs armées ont traversé de l'ouest à l'est l'immense étendue de l'empire Chinois, balayant devant elles tout ce qui leur faisait obstacle. Aujourd'hui ils sont maîtres de Nankin, dont ils veulent faire le siége du nouveau gouvernement, parce que cette ville a été la capitale qu'habitait l'ancienne dynastie des Mings, dont le nouvel empereur dit être le descendant et l'héritier légitime.

« Rien ne résiste à ce torrent envahisseur ; il n'est pas de combat où les impériaux ne soient battus.

« L'intention des insurgés est de marcher sur Pékin, et il est possible qu'au moment où je vous écris cette ville soit déjà en leur pouvoir. Dans leurs pièces officielles, les chefs de la révolution protestent qu'ils ont deux objets en vue : chasser les Tartares et détruire pagodes et bonzes pour les remplacer par des temples et des ministres du vrai Dieu. Et ils ne s'en tiennent pas à de simples promesses ; car déjà ils ont rasé les pagodes qui se sont trouvées sur leur passage, et ils ont mis à mort un nombre considérable de bonzes et de bonzesses.

« Ces événements produisent ici une impression profonde ; en général on s'en réjouit ; on croit que le triomphe de Tièn-tè serait celui de l'influence chrétienne.

« Les époques révolutionnaires sont chez vous, gens sceptiques, des époques d'enthousiasme, de croyance absolue, pendant lesquelles les imaginations sont tournées vers le merveilleux ; il en est de même en Chine. Chacun, en ce moment, veut pénétrer l'avenir ; on consulte les sorciers ; on interroge les livres cabalistiques ; on commente les prophéties pour savoir quelle destinée le ciel nous garde. Il faut que je vous raconte, à ce sujet, un fait qui m'a vivement frappé, et que je veux vous faire connaitre dans tous ses détails.

« Hier, après que nous eûmes reçu la nouvelle de la prise de Nankin, j'allai me promener à la Praya Manduco, méditant sur ce grave événement. J'étais sur le bord de la mer à suivre le mouvement des vagues qui montaient, lorsque je vis passer à quelques pas de moi le médecin Lo-se, que vous connaissez. Sa physionomie exprimait la tristesse, et il était tellement absorbé par ses pensées, qu'il marchait, oubliant de s'abriter derrière son éventail. Je l'abordai, et, jetant un coup d'œil sur la longue tresse qui se balançait majestueusement sur son dos, je lui dis en plaisantant :

— Eh bien ! ami Lo-se, voilà un ornement désormais inutile, il faudra bientôt raser cette superfluité élégante.

« A mon grand étonnement, le docteur ne se révolta pas à cette supposition, qui le faisait bondir naguère ; il me regarda d'un air résigné et sans proférer un mot.

— Qu'avez-vous donc? lui dis-je.

— Rien, me répondit-il laconiquement.

« Il garda quelques instants le silence, puis il ajouta :

— Avez-vous un moment à me consacrer?

— Parfaitement.

— Alors venez jusque chez moi.

« Nous nous dirigeâmes sans mot dire vers la maison de commerce de son père. Arrivé sur le seuil de la boutique, Lo-se, en Chinois bien élevé *tchin-tchina* (s'inclina) devant la petite idole placée à gauche de l'entrée; et nous montâmes au premier étage. Là, mon conducteur flaira en quelque sorte l'appartement; il en fit le tour, puis il ferma la porte. Après ces préliminaires, il se baissa devant une petite alcôve, tira une vieille caisse démantibulée de dessous le lit, et en retira un livre jauni par le temps et à moitié rongé par les vers.

— Qu'est ceci? lui demandai-je avec empressement.

— Ça, me répondit-il d'un ton solennel, c'est l'avenir !

— Diable ! m'écriai-je, vous a-t-il coûté cher?

« Un Chinois sérieux est une rareté, mais un Chinois attristé est un phénomène; jugez de mon étonnement lorsque le docteur me dit sans rire et d'un ton lugubre :

— Il ne m'a rien coûté encore, mais il pourrait bien me coûter la vie : mieux vaudrait peut-être que les fourmis blanches eussent dévoré cette relique! Ce livre est le livre des pronostics ; il a été composé par un devin sous la dynastie mongole des Yuèn; il est défendu, sous peine de mort, de le posséder, car il renferme, sous une forme allégorique, l'histoire future de notre pays.

« Lo-se tourna quelques feuillets, puis il ajouta :

— Vous voyez ces trois pages; elles sont relatives à la succession au trône.

« Je parcourus le bouquin; il renfermait un petit nombre d'images non coloriées, fort peu intéressantes au point de vue de l'art, même de l'art chinois, et je le rendis à Lo-se sans faire la moindre réflexion.

— Eh bien! reprit mon homme, qu'en dites-vous?

— Ma foi je ne dis rien, car je n'ai pas compris le moins du monde.

— Comment! vous n'avez pas compris? c'est pourtant bien simple.

— C'est possible, mais ce sera bien plus simple lorsque vous m'aurez expliqué ce que signifient ces figures.

— C'est presque un crime de lèse-majesté que je vais commettre en vous donnant ces explications! s'écria Lo-se. N'importe! commencez par la première page, et dites-moi ce que vous voyez.

— Je vois une très-mauvaise gravure représentant un cavalier qui passe sous la porte d'une ville.

— Bien! continuez.

— Je vois sur la seconde page une vieille jonque remplie de monde.

— C'est cela, allez toujours.

— Je vois maintenant un bonze fort laid couché à quatre pattes sur un buffle fort maigre.

— Oui ; c'est cela même. Vous comprenez maintenant ?

— Non, certes! m'écriai-je impatienté.

— Eh bien ! écoutez-moi, me dit le docteur en se rapprochant et me parlant presque à l'oreille. Je vous ai dit que ces trois pages étaient relatives à la chute des dynasties et à la succession au trône. Le cavalier passant sous une porte figure le caractère *Tchèn*, qui est un composé de porte, *men*, et de cheval, *ma*. Eh bien ! Tchèn était précisément le nom du premier qui se leva contre les Mongols, et qui fut cause que les Mings leur succédèrent. Si les Mongols avaient lu ce livre et fait mourir tous les hommes s'appelant Tchèn, leur race serait encore sur le trône !

— Diable ! le moyen eût été violent, observai-je.

— Ne parlez pas, me dit Lo-se de mauvaise humeur. Une vieille jonque remplie de monde se dit en chinois *Man-tcheou* : c'est le nom des Tartares qui à leur tour renversèrent les Mings. Maintenant la dernière allégorie est transparente comme les eaux du fleuve Bleu en automne.

— Cela a beau être transparent, je ne vois là qu'un bonze couché sur un buffle.

— Eh bien ! c'est le nom de ceux qui chasseront les Mantchoux. Un bonze, c'est le représentant du dieu *Fo;* couché à quatre pattes se dit *lan*, et un buffle s'appelle *Si*. Cela fait *Fo-lan-si;* ce sont les Fo-lan-si qui chasseront les Tartares.

— Qui, les Français? m'écriai-je en éclatant de rire.

— Oui, oui, reprit Lo-se, les Fo-lan-si ! les Fo-lan-si ! c'est écrit là et cela arrivera !

« Que dites-vous, mon ami, des rébus chinois?... faites part de cette prédiction à vos compatriotes, cela pourrait les engager à recommencer les victoires et conquêtes.

« Mais j'y songe, mon ami, c'est l'esprit chrétien qui renversera Hièn-foung. Cet esprit, ce sont les Fo-lan-si surtout qui l'ont répandu en Chine, et cette fois encore, l'oracle aura raison!...

TABLE.

FIN

CARTE
DES PROVINCES DE LA CHINE
traversées par l'insurrection
du KOUANG-SI depuis son origine
jusqu'à la prise de NANKIN.
Dressée sur l'original Chinois
par le lettré LIEOU-TCHING-HI
SE-TCHOUAN
HO-NAN
HOU-PÈ
KIANG-NAN
KOUEI-TCHEOU
HOU-NAN
KIANG-SI
KOUANG-SI
TCHÉ-KIANG
KOUANG-TOUNG
FOU-KIÈN
NANKIN
OU-TCHANG
NAN-TCHANG
TCHANG-CHA
HANG-TCHEOU
FOU-TCHEOU
CANTON
KOUEI-YANG
Macao
MER JAUNE
MER DE CHINE
CANAL DE FORMOSE
GOLFE DU TONKING
I. DE HAÏ-NAN
TRIBUS indépendantes des Miao-Tse

EXTRAIT DU CATALOGUE

DE LA

LIBRAIRIE NOUVELLE

BOULEVARD DES ITALIENS 15, EN FACE DE LA MAISON DORÉE

FORMAT IN-18 ANGLAIS.

L'Insurrection en Chine, depuis son origine jusqu'à la prise de Nankin, par MM. CALLERY et YVAN, avec *une carte indiquant la marche de l'insurrection* et *le portrait du prétendant*, 1 vol. . . . . 3 fr. 50

Sterne inédit, Œuvres posthumes complètes, traduit par ALFRED HÉDOUIN, édition accompagnée de notes et ornée du portrait de Sterne; *cet ouvrage n'a jamais été publié en français*. 1 vol. . 3 fr. 50

La Case de l'Oncle Tom, par madame H. BEECHER STOWE, traduite par M. LÉON PILATTE, avec *une préface de l'auteur écrite spécialement pour cette traduction*, précédée d'une introduction de GEORGE SAND et accompagnée de notes du traducteur. — *Traduction autorisée et approuvée par madame Stowe. — Nouvelle édition.* 1 vol. . . . . 3 fr. 50

Scènes d'Italie et de Vendée, par CRÉTINEAU-JOLY. 1 vol. 3 fr. 50

Salmis de Nouvelles, par Théophile GAUTIER, LAURENT-PICHAT, Louis de CORMENIN, PERRON, Édouard DELESSERT, Louis JOURDAN, A. GAIFFE, ULBACH et Maxime DU CAMP. 1 vol. . . . . 3 fr. 50

Histoires normandes, par A. KARR (*sous presse*). 1 vol. . 3 fr. 50

Devant les Tisons, par A. KARR (*sous presse*). 1 vol. . . 3 fr. 50

Le Livre posthume, ou les *Mémoires d'un Suicidé*, par Maxime DU CAMP. 1 vol. . . . . 3 fr. 50

Regain. La Vie parisienne, par Nestor ROQUEPLAN. 1 vol. format anglais. . . . . 3 fr. 50

Ce qui est dans le cœur des femmes, poésies nouvelles, par madame Louise COLLET, suivies d'un poëme sur la colonie de Mettray, couronné par l'Académie française. 1 vol. avec grav. . . . . 2 fr.

Chants d'une Étrangère, par ÉMILIE ***, poésies, précédées d'une pièce de vers par A. DE LAMARTINE. 1 vol. . . . . 2 fr.

Histoire de l'Impôt des Boissons, par M. le comte de VILLEDEUIL. 3 vol. in-18 (le premier est en vente). . . . . 3 fr.

Paris à l'envers, par M. le comte de VILLEDEUIL. 1 vol. . . . 2 fr.

FORMATS DIVERS.

Histoire de l'Humanité par les grands hommes, — *Jeanne d'Arc, — Homère, — Bernard de Palissy, Christophe Colomb, — Cicéron, — Guttemberg,* — par A. de LAMARTINE (*Civilisateur* de 1852). 1 vol. grand in-8° avec portraits. . . . . 7 fr.

Le pape Clément XIV, seconde et dernière lettre au père Theiner, par J. CRÉTINEAU-JOLY. In-8°. . . . . 3 fr.

L'Impôt, par ÉMILE DE GIRARDIN, nouvelle édition. 1 vol. in-8° avec le portrait de l'auteur. . . . . 5 fr.

Histoire philosophique de la Franc-Maçonnerie, ses principes, ses actes, ses tendances, par KAUFFMANN et CHERPIN. 1 vol. grand in-8° avec gravures. . . . . 7 fr.

Galerie historique et biographique des Membres du Sénat, par plusieurs publicistes. 3 vol. in-8° (le premier est en vente). . . . . 2 fr. 50

De Paris à Marseille, guide historique, pittoresque et anecdotique, par KAUFFMANN. 1 fort vol. in-12 de 550 pages. . . . . 4 fr.

www.ingramcontent.com/pod-product-compliance
Ingram Content Group UK Ltd.
Pitfield, Milton Keynes, MK11 3LW, UK
UKHW012018240726
13965UKWH00002B/443